JN045692

教えて!
disaster prevention studies
信州からの
防災
学災

社会と共に変化する現代の災害
最新の防災研究、信州で。

信州大学地域防災減災センター長　菊池　聡

　「信州」といえば、冷涼な高原のイメージが全国的に知られています。しかし、この地も近年の夏は毎年のように猛暑に見舞われています。10年ごとの年平均気温の推移（グラフ）を見ても、長野県の気温には上昇傾向が見られ、最高気温が25度以上になる夏日もはっきりと増加しています。特にここ数年は日本全体が暑い夏に悩まされ、「災害級の暑さ」という表現も定着してきました。この原因として、世界的な規模での気候変動、地球温暖化が取り沙汰されているのはご存じの通りですが、身近なところでは都市化によるヒートアイランド現象が長野県内でも発生していると考えられています。

　こうした猛暑は、単に気温が暑いだけではすみません。気候変動は日本列島にこれまで経験のないような集中豪雨をもたらし、巨大台風の発生・成長を促す可能性があります。「大雨特別警報」は、数十に一度あるかないかというレベルの大雨が続く時に出されるものですが、長野県ではこれが令和元年東日本台風に続き、令和2年7月豪雨と続けざまに発令されました。特に千曲川が決壊した令和元年の台風19号は、記憶に新しいところです。こうした水害の激甚

長野市の年平均気温

100年あたり1.1℃上昇

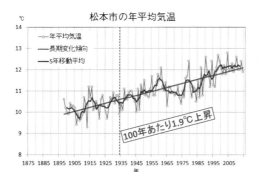

松本市の年平均気温

100年あたり1.9℃上昇

上段は長野地方気象台、下段は松本特別地域気象観測所で観測された年平均気温の経年変化を示す。
赤破線は、観測場所の移転による影響を除去するため、それ以前のデータを補正したことを示す。

化・頻発化は今後も続き、県内にもさらなる被害を及ぼすことが予想されます。国土交通省は、この状況について、気象災害が過去の対策や知識が通用しない「新たなステージに入った」と表現しています。これを受けて、県内河川の水害対策も「百年に一度」から、「想定される最大規模」の水害を想定したものへと強化しつつありますが、まだ完全なものとは言えません。

❖

　空から地へ目を移してみれば、信州をはじめ、日本各地で地震や火山災害の危険も高まっています。地震活動は「平穏期」と「活動期」を長期的に繰り返しますが、多くの専門家が現在の日本列島は活動期に入ったと考えています。特に県内は「糸魚川―静岡構造線

断層帯」が南北に走り、その一部で、松本市付近にある牛伏寺断層の地震発生確率は日本でトップクラスと指摘されています。

　また、現代日本に最大の危機をもたらすとされる巨大地震・南海トラフ地震も、ひとたび発生すれば長野県中南部にも深刻な被害が及びます。こうした地震災害の不安が高まる中で、令和2年に県中部（上高地周辺）で群発地震が発生し、さらなる大きな地震や火山噴火との関連も危惧されました。

　加えて、社会の変化に伴い、さまざまな新しい災害の危険が生じています。新型コロナウイルスは、グローバルな人の移動にともなってパンデミック（世界的な感染症の大流行）を引き起こし、人類全体の脅威となりました。しかも、この新型コロナウイルスは、人の健康を脅かすだけでなく、人の社会活動を止めることで地域に経済的な大打撃をもたらし、また人と人の関係性を分断し多くの心理的問題も引き起こしています。

　さらには、私たちの社会生活は隅々まで張り巡らされた情報ネットワークに依存するようになりました。それらが、ひとたび災害によって寸断されると、社会システムは大混乱に陥ることも予想されます。その他にも、人口構造の少子高齢化、都市への人口集中による地域共同体の喪失、橋や道路などの社会インフラの老朽化など、現在の日本を悩ます諸課題は、ひとたび自然災害が発生したときに、複合要因となって想定外の重大な危機を招くことになります。こうした点でも、現在の災害は、これまでにない新しい局面を迎えつつあると言えるのです。

一方で、人の命を守る防災減災の取り組みは、自治体と住民による不断の努力と自助共助、公助の精神によって向上を続けています。しかし、この新たなステージでは、これまで練られた対策が通用しないかもしれません。こうした不透明な状況下で必要になるのは、自然の変化や災害メカニズムを正確に捉え、最新の知識からインフラの整備や開発を可能にする「災害研究」の進展と、それを担う人材の育成です。それも理工系だけでなく、災害と社会・人間の関わりを扱う人文社会科学系の総合的な研究も必要になり、これらを連携させて進めることも非常に重要です。

　信州大学（本部・松本市）は総合大学として、理系と文系にまたがる広領域の研究者を擁し、多様な視点から災害に関わる研究と教育を行ってきました。これらを組織的に推進し、地域の災害対策に貢献するための中核組織として、平成27年に「信州大学地域防災減災センター」が設立されました。

　本センターは日頃、信大の災害研究の成果を公開講座や体験型イベントで広く地域に発信し、自治体や企業と一緒に共同プロジェクトにも取り組んでいます。発災時には緊急医療活動や専門家による調査、地域への支援活動を行っています。こうした活動の一環として、平成29年から2年間、信濃毎日新聞紙上で「教えて！信州の防災学」と題して、防災を多角的にとらえるコラムを連載いたしました。これらの連載をまとめ、身近な防災減災を考えていただくための一冊として、ここに皆様にお届けいたします。

ADDITIONAL CONTENTS
防災・減災 実践への手引き

7

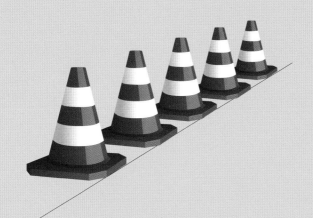

STAGE **1**

備える

その1 防災意識を磨くために

「大した
こと ない」
が悲劇を招く

「その時」、事態を受け入れられますか？

　災害などの危機が迫り、すぐに避難が必要な状況にあっても、人は「何もしない」という判断に陥りがちなことが、リスク心理学の研究から明らかになっています。

　いかに高度な防災計画や、緻密な避難計画を立てたとしても、それに関わる人間が油断していては役に立ちません。災害による被害は、災害の規模や防災インフラの整備などに左右されますが、これに加えて、危険（リスク）をいかに正確に判断し、最適な対策や避難を選択できるかという人間的要素（ヒューマンファクター）を忘れてはなりません。

　そこで参考になるのが、人の思考は緊急時にどう働き、どんな失敗に陥りやすいのかを明らかにするリスク心理学の研究です。そこでは、私たちがリスクの大きさを判断する際、系統的な判断の歪みや偏り（バイアス）が生じやすいことが注目されています。

　災害時の心理というと、あわてふためき、パニックを起こすというイメージがあります。しかし、過去の研究から、パニックはいくつもの条件がそろわないと起こらない極めてまれな現象であることが分かっています。その代わり、しばしば深刻

正常性バイアス	同調性バイアス
異常な事態であっても、正常の範囲内と考える	集団がとる行動に自分の考えをあわせようとする

大したことないよね

誰も避難してないもの

根拠なく大丈夫だろうという判断が優越する	自分の考えに合致した情報にのみ注意を向ける
楽観性バイアス	確証バイアス

自分は大丈夫！

周りよりも安全そうだ

災害時に強まる人のリスク認知バイアス

な事態を招くのは、切迫した事態に直面しても、その危険を無視、あるいは「大したことない」と過小評価する心の動きです。異常事態を正常の範囲内だと解釈したがる心の偏りを「正常性バイアス」と呼びます。

　このバイアスがあるために、水害や土石流などの危険が徐々に迫ってくるような状況でも「大丈夫だろう」という予断にとらわれ、避難が手遅れになる例がしばしば見られるのです。東日本大震災でも、多くの人が津波の危険を知らされていたのにもかかわらず、危険な場にとどまり、命を落としてしまいました。ただし、この正常性バイアスは、人間誰もが「必要だから備えている」心の傾向です。身近な危険性に常に敏感に反応したり、心配していたりすると、ストレスが蓄積して、日常生活を円滑に送れません。私たちの心は、ちょっとした危険は無視するような適応機能を備えているのです。

　ちなみに、「自分はきっと大丈夫だろう」という根拠のない判断が優越する偏りを「楽観性バイアス」と呼びます。このほか、「同調性バイアス」や「確証バイアス」があります＝図。

　これらは、災害などの緊急時に補強し合います。「大したことはない」（正常性バイアス）、「自分はきっと大丈夫」（楽観性バイアス）、「誰も避難していない」（同調性バイアス）、「大丈夫そうな情報ばかり目につく」（確証バイアス）。こうしたバイアスは、緊急時に私たちの思考や注意の幅が狭くなる「認知の狭小化」によって強

□ にチェックを入れてみましょう

□ 浸水や土砂崩れ、地震、自分の被災シーンを想像してみたことがありますか。

□ 「その時」、まず何をするか、どう行動するか、がすぐ思い浮かびますか。

□ 自宅、会社、外出先、それぞれのシーンでの被災を想定できますか。

□ 緊急時には、あれこれ考えることなく、素早く行動ができるように、ふだんから準備や訓練をしていますか。

13

化され、適切な避難判断につながる柔軟な思考が阻害されるのです。しかも、どれも人の心が備える自然な傾向であるため、克服することは困難です。

　人は危険な事態を前にすると、的確な考え方ができないという事実を前提とすれば、防災計画は油断を戒める精神論だけでは有効であるとは言えません。現場での思考や判断の余地をできるだけ少なくし、状況の発生から避難行動までを事前にひとまとめにルール化してそのまま実行できるようにする工夫が必要です。これを防災では「行動のパッケージ化」と呼びます。

　そして、折に触れ、このパッケージを訓練で確認しておくことが大切です。そうすることで、忘れた頃にやってくる天災でも、人間の心理に起因する失敗を最小限にとどめることができるでしょう。

提言

状況の発生から避難行動までを事前にひとまとめにルール化してそのまま実行できるようにする工夫が必要です。

そうは言っても
ハザードマップ
を見ておこう

身近な街、地図を手に歩けば防災につながる

　地図を手に街歩きをしたことはありますか？自分の住む街でも、新たな発見があったりして楽しいものです。

　地図には、防災目的の「ハザードマップ」もあります。土砂災害や洪水被害の危険性の高い場所、地震の際の揺れやすさや液状化の危険性などを表したものです。県内の市町村で作製・配布し、ホームページでも閲覧できます。家にないという方はこの機会にぜひ入手してみてください。そして、まず初めに自宅の位置を確認し、目立つようにチェックしてください。ハザードマップを手に自分の住む地域を歩いてみると、身近な地域でどんな災害が起こり得るのかがイメージでき、防災の心構えになります。

　さらに地域を詳しく調べてみたいという方には国土地理院発行の「地形図」がおススメです。地形図の情報はハザードマップや皆さんが普段使うスマートフォンなどに入った地図の基になっており、日本の地図の王様と言っても過言ではありません。まちの本屋さんの地図コーナーで取り扱っています（残念ながら最近は地形図を扱う本屋さんは減っていますが…）。

ハザードマップを見てみよう！

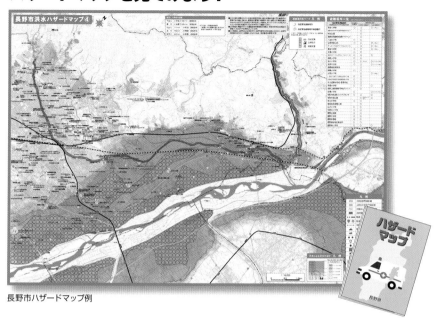

長野市ハザードマップ例

15

大雨による浸水

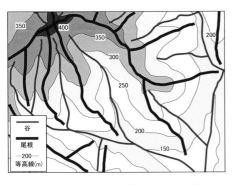

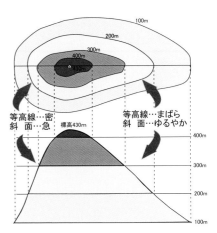

地形図での谷と尾根のイメージ

　国土地理院の地形図は1890（明治23）年から整備が始まり、現在も刊行され
ています。旧版の地形図は図書館で閲覧できます。明治時代の地形図を持って歩け
ば、即座にタイムスリップ気分を味わえ、地域の歴史に思いをはせることができま
す。（次項「3」も参照）

　地形図にはさまざまな情報が隠されていますが、それは地図の読み方を少し覚え
れば見えてきます。その一つが「等高線」です。同じ標高の地点を結んだ線で、そ
こから斜面の傾斜や形を読み取ることができます。等高線の間隔が密になっている
と傾斜が急、間隔がまばらだと緩いといった具合です。

　山あいの地域に目を向けると、等高線が曲がりくねっていることが多くなります。
等高線が山頂など標高の高い方に向けて三角形のようにとがっていると谷、麓の方
に向けてとがっていると尾根です＝図参照。これを知っていると、自宅や勤務先、
通勤経路などの近辺で土砂災害の発生しやすい場所を知るのにも役立ちます。
慣れると、地形図を見るだけでどんな地形かイメージできるようになります。

　また、一度建設されると移動することのほとんどない送電線や鉄道、神社仏閣な
どの位置を押さえると、地図上の現在地がすぐに分かります。

　紙の地図はアナログですが、情報の一覧性が高く、多くの人が地域の状況を一目
で理解できます。地域を歩いて気付いたことを気軽に書き込めるのも利点です。地

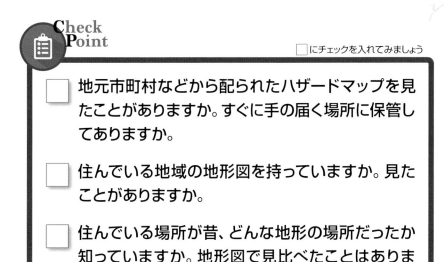

Check Point

☐ 地元市町村などから配られたハザードマップを見たことがありますか。すぐに手の届く場所に保管してありますか。

☐ 住んでいる地域の地形図を持っていますか。見たことがありますか。

☐ 住んでいる場所が昔、どんな地形の場所だったか知っていますか。地形図で見比べたことはありますか。

☐ 地形図を見ながら、住んでいる地域を歩いてみたことがありますか。

17

図はもっぱらスマホという人も、地形図などの紙の地図を手に取ってみてはいかがでしょう。

提言

地図読みは、自宅や勤務先、通勤経路などの近辺で土砂災害の発生しやすい場所を知るのにも役立ちます。

いま住む場所 必ず何かしら リスクが

普段から災害への意識を高めよう

　高原で栽培されるレタスやキャベツ、きれいな水で育った米、そして信州を代表する果物であるリンゴ。信州は本当においしい農産物に恵まれています。筆者は信州に住んで5年目ですが、旬の農産物のおいしさに日々感嘆しています。信州で長く暮らしている方には当たり前のことなのかもしれませんが、このようにおいしい農産物を日常的に食べられるということは、本当に素晴らしいことです。

　これはさまざまな自然条件や、夏季の低温といった気象状況を克服してきた先人の苦労があったからにほかなりません。結果、見事な農産物の産地が県内各地に生まれたのです。災害と農業は密接に関わっています。例えばリンゴです。近年は台風などで収穫直前に落下しても直売所で販売されることが多くなりましたが、まだ廃棄されているものもあります。落下リンゴの有効活用は重要です。

　リンゴが育つ果樹園は、山側から扇形に広がる「扇状地」と呼ばれる地形でよく見られます。洪水時の土砂がたまった地形で、複数回の土砂の流れで出来上がりました。地域によっては数百年、数千年かけてつくられます。安曇野はその一例です。扇状地は砂や石が大きく土壌に隙間があり、水はけが良いです。半面、水はすぐに

河川に近い田畑や住宅地は日ごろ
からリスクへの意識付けを

染み込んでしまい、扇状地上の河川に水はほとんどありません。そのため土地はな
かなか開発されませんでした。こうした土地で栽培できる作物としてリンゴなどの
果樹が定着し、普段目にする景色がつくられました（ちなみに同じ扇状地でもお隣
の山梨県ではブドウの栽培が盛んですね）。

　さて、これらの農産物が栽培されている地域の気象や地形・地質を見てみると、
程度の差こそあれ、災害と関係しており、「災害が起こりやすい場所」と言えます。
例えば、先ほどの扇状地には、都市化によって今は工場や住宅地が造られていますが、
成り立ちを考えると山側は大雨時に注意が必要です。ここに住む場合、水を確保でき、
被害を最小限に抑えられる所に集落を置くことが重要でした。

　しかし、災害に遭いにくい土地はどんどん無くなっていきますし、住宅地の郊外
化も進んでいます。水田や畑などの耕地面積は全国的にここ50年間でおよそ25%
減少しています。水田だった所や土石流堆積物上に住宅が建てられたりしていま
す。このような時は、前項「2」でお話しした旧版の地形図が役立ちます。国土地理
院が発行したもので、図書館で閲覧できます。自分の住んでいる場所がかつてどん

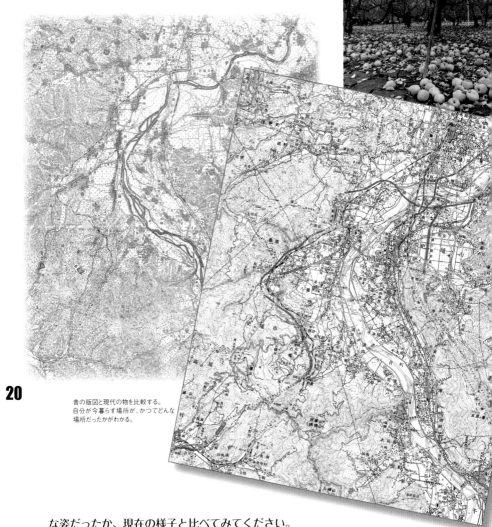

昔の版図と現代の物を比較する。
自分が今暮らす場所が、かつてどんな
場所だったかがわかる。

　な姿だったか、現在の様子と比べてみてください。

　　皆さんの住む場所は、災害の大小にかかわらず何かしらのリスクがあるのです。
人間活動の無い場所での土砂崩れなどは「自然現象」となりますが、人間が活動し
ている所では「災害」となります。これまで自然現象だったものが、人間の居住範
囲が広がることによって災害になることを意識しましょう。

　　私たちはさまざまな自然現象（＝災害）が発生した場所で生活しており、行政は
川の堤防や護岸の強化、余分な水の排出などの対策をしています。しかし近年の急
激な降水パターンの変化に対策が追い付かない現状もあります。

　　そのため、一人一人が普段から災害に対する意識を高めることが重要になります。

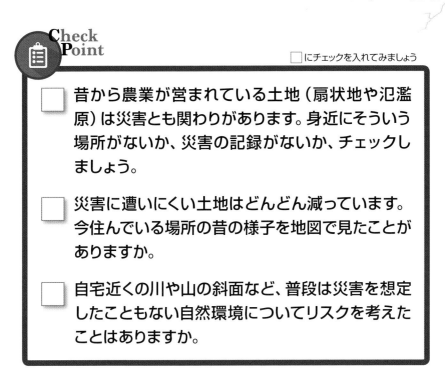

□ にチェックを入れてみましょう

- 昔から農業が営まれている土地（扇状地や氾濫原）は災害とも関わりがあります。身近にそういう場所がないか、災害の記録がないか、チェックしましょう。

- 災害に遭いにくい土地はどんどん減っています。今住んでいる場所の昔の様子を地図で見たことがありますか。

- 自宅近くの川や山の斜面など、普段は災害を想定したこともない自然環境についてリスクを考えたことはありますか。

21

意識といっても、自分の住む場所は絶対に安全だという過信を無くすことと、自分の住む地域をよく知ることです。信州のおいしい農産物を食べた時に、自然現象（＝災害）によってつくられた大地が育んだことを少しでも思い出してください。

提言

災害への意識を高める。つまり、自分の住む場所は絶対に安全だという過信を無くすことと、自分の住む地域をよく知ることです。

大雨によりあふれ出した川の水で水没した道路

雨の危険に気づく
少雨地域なら
安全…ではない

災害件数 長野県は多雨の高知県の2倍以上

　毎年、梅雨期や台風期になると、全国各地で土石流やがけ崩れ（急傾斜地崩壊）による土砂災害が発生しています。2006年7月の豪雨により岡谷市で発生した土石流災害をはじめとして、2014年7月に木曽郡南木曽町梨子沢で発生した土石流災害は記憶に新しいところです。

　崩壊や土石流が発生する誘因としては、降雨をはじめ、地震や融雪が考えられますが、ここでは最も典型的な降雨による土砂災害について考えてみたいと思います。

　長野県内には、土石流や崩壊、地すべりにより土砂災害の発生する恐れのある場所（土砂災害危険箇所）が1万6千カ所以上も存在しています。当然のことながら、降雨量の増加とともに土砂災害の危険性は高くなります。

　長野県は、全国的には雨の少ない地域として位置付けられます。県庁所在地の年間降水量（平年値）を比較すると、雨の多い高知市などでは3千ミリ近くになるのに対し、長野市ではその3分の1程度にすぎません。これは、全国の47都道府県中の最少値です。ということは、長野県は全国で土砂災害の最も少ない地域だろうと推測されますが、実際はどうでしょうか？

(件)
2006年から13年の
都道府県別土砂災害発生件数上位20

グラフの縦軸目盛: 800 / 700 / 600 / 500 / 400 / 300 / 200 / 100 / 0

凡例:
- がけ崩れ
- 地滑り
- 土石流

横軸(都道府県): 新潟県 鹿児島県 島根県 神奈川県 山口県 熊本県 静岡県 長野県 福島県 宮崎県 大分県 三重県 広島県 石川県 長崎県 愛媛県 福岡県 富山県 岐阜県 徳島県

23

　2006年から13年までの8年間に全国で発生した土砂災害発生件数を都道府県別にみると、長野県での発生件数は350件程度で、47都道府県のうち多い方から8番目に位置していることが分かります＝グラフ。これに対して、全国有数の多雨地域である高知県では、土砂災害発生件数が150件未満で、全国23番目となっています。このように、雨の少ない長野県での土砂災害発生件数が、多雨地域である高知県の件数を2倍以上も上回っているのはどうしてでしょうか？

　斜面を構成する地質や地形、さらに雨の量や降り方によって崩壊や土石流の発生しやすさは異なります。また、地質的には花こう岩地帯で、地形的には尾根部よりも集水性の高い谷部で、崩壊や土石流が発生しやすいといった事実も知られていま

●大雨・洪水警戒レベル

警戒レベル	住民がとるべき行動	国・市町村の避難情報
5 既に災害発生	命を守るための最善の行動を	災害発生情報
4 全員避難	速やかに避難先へ避難	避難勧告・避難指示
3 高齢者らは避難	避難に時間を要する人と支援者は避難	避難準備・高齢者等避難開始
2	ハザードマップなどで避難行動を確認	洪水注意報・大雨注意報等
1	災害への心構えを高める	早期注意情報

す。

　過去の土砂災害事例から、崩壊のしやすさ（崩壊面積率）と降雨量との関係を調べると、「多雨地域」であれ、雨が少ない「非多雨地域」であれ、降雨量の増加とともに地域内での崩壊箇所数も増加することが分かっています。この関係を多雨地域と非多雨地域とで比較するとどうでしょうか。雨の量が同一の時、多雨地域よりも非多雨地域の方が崩壊面積率が大きくなり、降雨量の増加に伴う崩壊面積率の増加の度合いも非多雨地域の方が大きくなります。

　崩壊が発生するために最低限必要となる雨の量（崩壊発生限界雨量）は、多雨地域よりも非多雨地域の方が少ないといった事実も知られています。この原因の一つとして、自然斜面の降雨に対する慣れ（抵抗性）、すなわち免疫性が挙げられます。

　また、高知県のような多雨地域では崩れやすい斜面はすでに崩れてしまっているため、現在崩れずに残っている斜面は少々の雨では崩れることの無い強い斜面であると考えることもできるでしょう。言い方を変えると、雨の少ない地域には、従来以上の雨が降ると崩れる危険性のある斜面が数多く存在していることになります。

　近年の雨の降り方を見ると、元々雨の少なかった地域でもゲリラ豪雨などにより多雨地域で発生するくらい大量の雨が降ることもしばしばです。これから梅雨期や

Check Point

☐ にチェックを入れてみましょう

☐ 長野県は雨が少ないから安全？　そんな安心感を持っていませんか。

☐ 抵抗性や免疫性など、雨が少ない場所ほど土砂災害のリスクが高い、という事実を知っていますか。

☐ 降雨時に「いつもと降り方が違う」と感じ取ることはできますか。地域の地形・地質を思い浮かべ、雨の降り方に注意を配っていますか。

☐ 災害時に自治体が発令する警戒レベルなどの避難情報の意味や取るべき行動を理解していますか。

25

台風期を迎えるに当たり、雨の降り方や周りの自然状況の変化に気を配り、少しでも異変を感じたら自主的に避難行動を取るといった心構えが必要になるでしょう。

提言

雨の降り方や周りの自然状況の変化に気を配り、少しでも異変を感じたら自主的に避難行動を取る。

5 ペットと避難
問われる
絆と自助の備え

同行避難へ。訓練できていますか

　少子化が進む日本では、14歳以下の年少者人口は約1600万人（平成28年総務省統計局まとめ）と推計されています。一方、全国で飼育されている犬や猫は合計約1900万匹（ペットフード協会調べ）に上り、既に子どもよりもペットの犬猫の方が多いという状況が生じています。従来、標準世帯と言えば「両親と子ども2人」でしたが、現状に即するなら、「両親と子ども1人とペット1匹」がふさわしいと指摘する識者もいるほどです。

　災害に見舞われた時、子どもの安全をいかに確保するかは、親が心がけなければならない最重要の課題です。それと同じように、ペットの安全を確保し、速やかに避難できるようにするための準備は飼い主の責務です。例えば、東日本大震災や熊本地震では、飼い主とはぐれた「放浪動物」の保護収容や防疫対策にたいへんな手間がかかりました。あなたの愛犬は、留守中にはぐれても身元が分かるタグやマイクロチップなどの準備ができているでしょうか。

　また、災害時の避難ルートを確認し、避難訓練を何度も行って、ペットに慣れさせておく必要もあります。水害や土石流災害の危険が迫ったとき、ペットとともに

ペットとの「同行避難」に備え、事前の情報収集と訓練を

危険地帯にとどまれば、そのまま命の危険に直結します。

　そして、より厳しい状況は多くの人が共同生活を送る避難所で生じます。動物の存在に心が癒やされる人もいると同時に、動物が苦手な人や幼児、アレルギーを持つ人も避難してきます。すべての人が動物を受け入れられるわけではありません。ただでさえ、ストレスが多い中、鳴き声やにおいをめぐるトラブルは多発し、避難所に入れない動物を飼い主が見に行った際の二次被害や、車中泊を続けて体調を崩すなどの例も報告されています。あなたの愛犬は、ワクチン接種やノミ、ダニ予防はもちろんのこと、おとなしくケージやキャリーバッグに入って、むやみにほえたりしない訓練ができているでしょうか。

　環境省も、災害時のペット問題の重要性を認識し、飼い主との「同行避難」を原則とした救護対策ガイドラインを策定しています。しかし、すべての自治体や避難所で必ずしも十分な準備ができているわけではありません。あなたの住む地域の状況をホームページなどでチェックしておきましょう。

　家族同様の動物たちをめぐり、愛玩動物を意味するペットという呼び方ではなく、

ペットとの避難訓練

マイクロチップ
長さ11mm、直径2mmほど

ペットのタグ

保護されたらご連絡ください
名前 **ジャッキー**
連絡先 〇〇〇〇〇〇〇〇〇〇〇

　人生の伴侶として「コンパニオン・アニマル」という表現が定着しつつあります。
災害のような危機的な事態においてこそ、その動物との絆が問われます。もの言え
ぬ動物のために最悪の事態を想定して自助の備えをすることが、地域社会と動物
たちに対する私たちの責任と言えるでしょう。

Check Point

□ ペットに対して、はぐれても身元が分かるタグやマイクロチップは準備してありますか。

□ 地域の避難所がペット同伴で避難できるかどうか、確認してありますか。

□ 同行するための避難ルートは確認してありますか?ペットを連れた避難訓練はしていますか。
避難所で吠えない訓練はできていますか。

□ 病気や病害虫予防はできていますか。

29

提言

災害のような危機的な事態においてこそ、その動物との絆が問われます。
もの言えぬ動物のために最悪の事態を想定して自助の備えを。

6

通学中に災害!
子供が自ら行動できること

「防災マップ」づくりの取り組みが有効

　2011年3月11日に発生した東日本大震災から、9年半の月日がたちました。1万人を超える多くの方々が命を落とした未曽有の大災害であり、この中には多くの子どもたちも含まれています。この経験を教訓として次の災害にどう備えるのか、特に学校が災害にどう備えれば子どもたちの命を守れるのかを考えます。

　学校での災害への備えは、主に防災管理と防災教育があります。長野県では12年度から、学校の防災に積極的に取り組む小中学校を支援するための防災教育支援事業を実施しており、17年度までに県内の公立小中学校など102校が取り組んでいました。今回は、この事業を通じて明らかになってきた長野県の防災教育の現状と課題を示します。

　児童生徒の命を守るため、学校に必要なことは、
①災害に備えて校内の安全性を高める工夫を施し、実践的な訓練を行う
②発災時に起こり得ることを時系列で考え、具体的な行動計画をまとめる
③児童生徒が自ら考え行動できる能力を養う
④地域と連携した取り組みを行う

地域を歩いて危険だと思われる場所をタブレット端末に入力する小学生。上は、電子地図上に情報をまとめた「防災マップ」（コラージュ）

タブレットを持って調べてきた内容を確認

こうえん
じたく
がっこう
こうばん
こうえん
スーパー

31

が挙げられます。

　このうち防災管理に当たる①と②では、校内の安全対策や実践的な避難訓練を行っており、各校一定の成果を上げています。一方、大きく遅れているのが、③の自ら考え行動できる能力を養うことで、防災教育で取り組む内容です。特に教師の目が届きにくい登下校時に発災した場合でも、児童生徒が自ら考えベストな行動ができることが必要です。これを実現するための一つとして「子どもが作る防災マップ」に取り組んでいます。

　通学路には災害時の危険が多々あり、子どもたちの目線で危険を認識し、どう対応すればよいのか子供達自身で事前に考えることが重要です。子どもたちは、これを支援するために開発されたアプリが入ったタブレット端末を持って班ごとに学区を歩き、自らが危険だと思う場所を調べ、写真と文字で位置情報とともに記録します。学校に戻ったら地理情報システム（GIS）経由で電子地図上に整理し、皆で見比べながら危険情報を共有し、互いに議論します。そうすると自分には気づかなかった視点や事柄が分かります。その後、再び地域を歩いて情報を補強し、最終的に学区の

フィールドワークから戻った子供たちは、先ほどの統合された情報を使いながら、発表をします。テレビ画面に映し出された画像を見ながら、撮影した場所を確認します。そして、その場所の危険度を「レベルいくつ」と判断したか、また、判断の根拠は何か、順に述べてもらいます。このことによって、危険度レベルの根拠の確かめ合い、グループごとの考えを共有しました。

発表を行う子供

32　防災マップが出来上がります。

　正確な情報を整備すること以上に大切なことは、児童生徒自らが「災害が起こったら」という視点で街を歩き危険に気づくこと、またどう対処するのか自分たちでしっかり考えることを重視しています。集めた情報は GIS の利点を生かし、行政のハザードマップ（揺れやすさや浸水の予想図）などと重ねて表示することで、新たな気づきも生まれます。

　学区で災害に備えることは、実は地域をよく知ることです。そのことこそが、登下校時に被災しても自ら命を守ることにつながります。課題は、やはり学校での防災の取り組みがなかなか進まないことです。これを阻むのは、学校が忙しくて新たな時間を割きにくいこと、また防災に取り組む必要性や取り組むべき内容の理解が不足していることです。

　防災教育は、発災時に子どもの命を守るためには不可欠であり、他の事柄とてんびんにかけるものではありません。その必要性を理解し、忙しい中でも工夫して取り組んでいただける学校やこれを支援する地域が増えることを期待しています。

Check Point

□にチェックを入れてみましょう

- □ 子供たちは通学路の災害リスクを自分で認識していますか。親や先生はどうですか。

- □ 土砂崩れや浸水しやすい場所、古いコンクリート塀など、危険性が思い当たる場所はありませんか。

- □ 想定される災害に対し、その時どう行動するか学校や家族で話し合っていますか。

- □ 子ども自身による「防災マップ」づくりをしたことがありますか。

- □ 学校での防災教育を重視していますか。実践していますか。

33

提言

児童生徒自らが「災害が起こったら」という視点で街を歩き危険に気づくこと、またどう対処するのか自分たちでしっかり考えること。

非常時 食の備え
ローリング
ストック法で

「在宅避難」に備え、
備蓄しながら食べた分買い足す

　皆さんの地域で災害が発生した場合、規模や状況によっては避難所へ行くことになります。しかし、自宅の被害が少ない場合には、落ち着かない避難所での生活ではなく、自宅を修理して住み続ける「在宅避難」を選ぶ人も多いと思います。その際、最も重要となるのが食とトイレの問題ですが、今回は食について取り上げます。

　災害発生時、まずは安全確保が第一です。直後は極度の緊張状態もあり空腹も感じませんが、時間が経過してくれば、おのずと空腹となってきます。その際、皆さんは何を食べますか？　防災食を用意しているという人も増えていますが、日常の食事とは程遠い味やメニューになることは間違いありません。このような時に、慣れ親しんだ味が少しでもあれば、不安な気持ちも和らぎます。ビタミンやミネラルの豊富な食材もそろえて体調を崩さないようにしたいところです。本日から少しだけ災害時の食を意識してください。

　災害時の食と言っても難しいことはありません。日ごろ食べている、ある程度保存できる食材を少し多めに購入してストックしておくのです。缶詰や長野県の伝統

備蓄でき、防災食にもなる
市販食品や飲料水

的保存食である凍り豆腐（高野豆腐）などを備蓄します。大量にストックするのではなく、いつもの食事で利用したら、その分だけ新たに買い足す「ローリングストック法」が有効です。定期的（1カ月に1、2度）に食べて、食べた分を買い足します。食べながら備えるため、消費期限が短いレトルト食品なども活用できます。

　最近は、流通網の発達もあり、24時間いつでも必要なものを購入できる状態なので、極力ストックはしないという家庭も多いと思います。ですが、これからの冬場、大雪などで物流がストップした時のことを考えると、蓄えとしての食品があった方が安心です。災害発生から数日〜1週間程度で救援物資などの配布が始まる可能性が高いので、食料の蓄えは3日〜1週間をイメージしてもらえればいいでしょう。

　合わせて飲料水や調理用水が必要です。1人1日当たり3リットルを目安に考えてください。これはあくまで食事にかかわる必要量です。それ以外に食器洗いや清掃、トイレ用などに使う雑用水が必要となります。風呂の残り湯や近所の井戸水、小河

川の水で代用できます。

　最近の防災食は以前と比べて味も良く、日常食としても遜色ありません。しかし、例えば、４人家族分を一度に準備するとなると、それなりの出費となります。非常食も家族分すべてを用意するのではなく、お湯か水を入れて調理できる主食や主なおかずを準備しておき、残りはストックしている食材を活用することで対応できます。

　さて、調理です。電気やガスが止まっている場合、皆さんはどうしますか？　このような時に石油ストーブやキャンプ用のこんろ、カセットこんろがあれば、温かい食事を作ることができます。今の時季、食事で大切なことは温かいということです。たとえ、おかずが非常食でも、いつもの味の温かいみそ汁があるだけで安心できます。

　ただし、石油ファンヒーターの場合は、ファンを稼働させるのに電気が必要になります。そのため、停電時は使えません。災害時も使えるストーブを購入したいと考えている人は、電気を使わず直火ができるものを選ぶといいでしょう。

　日ごろから「非日常」を意識した調理方法や献立を考えてください。事前の訓練になりますし、食事のレパートリーが増えるかもしれません。

Check Point

□ にチェックを入れてみましょう

- [ ] 被災時に使える食材、ある程度の保存が効く食材をストックしていますか。

- [ ] ストックした食材を日ごろから使い買い足す、といった管理をしていますか。

- [ ] カセットコンロなど、電気を使わずに温かい食事をつくれる器具・用具を備えていますか。

- [ ] 災害時の一品、被災時のレシピを日ごろ意識していますか。慣れ親しんだ味があるだけで気持ちが和らぎます。

37

次ページに
"防災レシピ"例

提言

食料の蓄えは3日〜1週間をイメージして
日ごろから「非日常」を意識した調理方法や献立を考えてください。事前の訓練になります。

被災時、非常時の "食" 確保のポイント

停電が発生しても、冷凍品は比較的長持ちしますが、冷蔵品は日持ちの難しいものも多いので、使えるものは早めに。冷凍食品は保冷剤の代わりにもなります。

断水時

◎夏場でしたら、カップラーメンに水を入れて20分ほどで食べることができます。

◎ポリ袋に米とペットボトルの水を入れて、お湯で煮るとご飯が炊けます。残ったお湯で顔を洗ったりすれば、水が少ないときでも気分的に落ち着くことができます。

◎器はラップフィルムをかけて使うと皿洗いの手間がなくなります。

◎周辺の災害時開放井戸を確認

38

簡単野菜サラダ

カット野菜

ラーメン

ポリ袋へ

材　料： 日持ちの難しい葉物やカット野菜
インスタント麺（油で揚げたものや味付きが良いもの）
ドレッシング

作り方： インスタント麺を砕き野菜とドレッシングと和える。
ポリ袋などに入れて混ぜれば、洗い物が減らせます。
あればハムやちくわ、薄切り玉ねぎなどを入れるのも良い。

ポイント： 普段食べ慣れた味のドレッシングを使うことで食べやすく、
インスタント麺を入れることで腹持ちも良くなります。

生パスタ風

材　料：　　パスタ
　　　　　　水
　　　　　　ミートソース等のソース

作り方：　　パスタを3-4時間ほど水に漬ける（最低2時間）。
　　　　　　芯がなくなったらパスタをザルなどに移し、水漬けした水を沸
　　　　　　騰させる。お湯は麺が隠れるぐらいの量があれば大丈夫です。
　　　　　　パスタを1分ほど茹でて、ソースとあえて完成。

ポイント：　パスタを乾麺の状態から茹でるよりも燃料の節約になるととも
　　　　　　に、生パスタのようなもちもち感のあるものになります。

フルーツ寒天

材　料：　　フルーツの缶詰またはパック
　　　　　　水
　　　　　　粉寒天
　　　　　　砂糖

作り方：　　粉寒天と水を火にかけて溶かします。沸騰後2-3分加熱します。
　　　　　　砂糖と、フルーツを汁ごと入れよく混ぜて火を止めます。
　　　　　　固まれば完成。

ポイント：　ゼラチンと異なり固まりやすく、繊維質の補給と疲れたときの
　　　　　　甘味補給になります。

調理や暖房確保
非常時に有効
まきストック

8

🪖地域の防災力アップにも役立ちます

電気やガスが止まってしまった場合の調理・暖房手段の確保は、寒冷地にとってとくに重要です。

森林の多い信州では、まきもその一つの方法でしょう。資源として十分にありますし、保存も利きます。災害時に避難場所となる公共施設（公民館・集会所や学校など）に、まきと、まきストーブなどを備えておくとよいと思います。

この好例が、伊那市西箕輪にあります。同地区の公民館にはまきストーブが設置されていて、このまきは「西箕輪薪の会」という住民団体が供給しています。会は、地区の森林所有者と交渉し、林業のプロとも協力して、木材にならない間伐材をまきに加工。それを公民館に供給して、余りを作業した人々で分配します。公共施設へのまきの備蓄と、地域の森林管理水準の向上という、二つの点で防災力を高めているのです。

面白いのは、人のつながりができていることです。森林所有者の中には、自力での森林管理が難しい人がいます。一方で、若い世代や新しく移入してきた住民は、まきを作る意欲はあっても森林を所有していません。「地区のみんなが集まる施設に、

地域全体の森林管理意識の向上

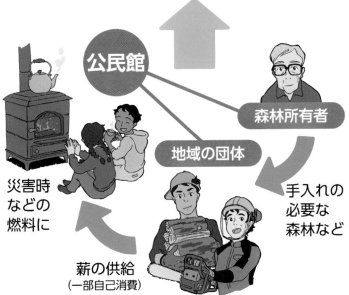

公民館

森林所有者

地域の団体

手入れの
必要な
森林など

災害時
などの
燃料に

薪の供給
（一部自己消費）

まきを作って供給する」ということを通じて、両者が結びついているわけです。樹木やチェーンソーなどの扱いについては林業のプロが教え、会の運営（事務局）については公民館が支援しているという点も、つながりとして大切です。

　こうした活動は、地域の森林管理・利用についての意識を高めます。山に人が入るようになれば、多くの目で「あそこで木が倒れていたぞ」などの異変を察知することができます。また、人のつながりがあれば、早くに対応がとれます。この点でも、まき作りは防災力を高めているといえるでしょう。地域の人が、地域の森林を利用し（利用のかたちは、まき作り以外にもいろいろ考えられます）、生活に使うものとしての関心を森林へ向けること——これを増進するために、県の森林税（森林づくり県民税）を用いることは、防災の面でも意味のあることだと思います。

　2018年に森林経営管理法という法律ができました。森林所有者が管理することが難しい森林を、市町村が代わって管理するものです（市町村自身が管理するか、業者に任せます）。しかし、こうした制度ができても、森林を行政に任せきりにしてよいわけではありません。地域の自然は、誰が保有したとしても、その管理には地

公民館に設置された薪ストーブ

間伐材を玉切りする

薪の原木

薪割り

薪の積み込み

乾燥中の薪

域の意思が反映されている必要があります。自然は地域の外に持ち運ぶことができ
ず、地域の自然がどのような姿になるかは、住民の生活と安全に直結するからです。

　地域の森林が、防災や景観、日常利用の面で、どのような姿であってほしい
のか。住民が考え、ニーズを持つべきでしょう。いろいろなニーズがあってこそ、
防災や生物多様性の面からも好ましい多様な森づくりができます。

　これを実現する一つの方法が、若い世代への教育です。長い年月をかけて育つ森

Check Point

にチェックを入れてみましょう

☐ 避難先となる公共施設に、まきやまきストーブは備えてありますか。

☐ 防災や被災時の活用といった観点で森の管理をしていますか。

☐ 森の管理・活用にあたって地域ぐるみによる話し合いや意思づくりをしていますか。

☐ 伐採や植林などを通じ、森林資源の活用や管理方法を若い世代に伝えていますか。

43

林は、新しい世代の人たちが一番長く付き合うことになるからです。森林教育は、県内の多くの市町村で取り組まれています。筆者も南佐久郡佐久穂町で、小中学校の森林教育で用いる副教材を作成しました。その中では、子どもたちの祖父母世代が小中学生のときに植林したことや、町の森林が生活や産業の基盤となっていること、近年では木材生産や観光利用が盛んになっていることを書きました。新しい世代の人たちが地域の環境に関心を向けることは、これからの防災の基盤となっていくはずです。

提言

地域の森林が、防災や景観、日常利用の面で、どのような姿であってほしいのか。住民が考え、ニーズを持つべきです。

9

家庭でできる 石油製品のライフライン

「分散型」ライフライン　住民主役で整備

　皆さんは、地震などの災害に備えて、どんなものを蓄えているでしょうか。水、非常食や生活必需品などをバッグに入れて準備されているご家庭も多いと思います。今日は、そこにぜひ加えて蓄えていただきたいエネルギーの話をします。

　災害が起きた時、自治体などの支援が可能になるまでの間（場合によって数日間）、自分の身は自分で守らなければなりません。でもいくら頑張っても寒さなどには勝てないので、暖房が必要になります。そこで暖房のためのエネルギーが重要になります。このエネルギーのライフラインについて考えてみます。

　皆さんは、エネルギーのライフラインといえば何を思い浮かべますか？　電気やガス？これらのライフラインは、中央（変電所や供給所）から送電線やガスパイプを使ってエネルギー資源を各家庭に届けるタイプのものです。中央が止まると地域全体へのエネルギー供給が止まります。私はこれを「中央集中型ライフライン」と呼んでいます。

　もう一つ、大切なエネルギーのライフラインとして、灯油

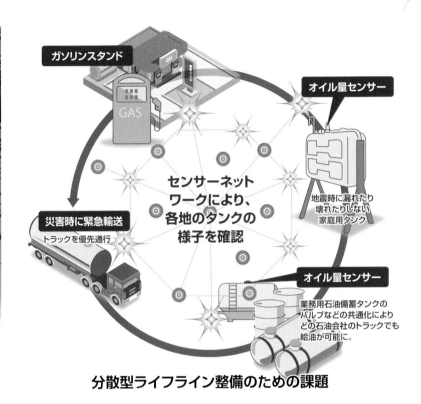

ガソリンスタンド

オイル量センサー

地震時に漏れたり
壊れたりしない
家庭用タンク

センサーネット
ワークにより、
各地のタンクの
様子を確認

災害時に緊急輸送
トラックを優先通行

オイル量センサー

業務用石油備蓄タンクの
バルブなどの共通化により
どの石油会社のトラックでも
給油が可能に。

45

分散型ライフライン整備のための課題

やガソリンといった石油製品を挙げたいと思います。でも、そういうと「パイプが引かれているわけではないし、これはライフラインなのでしょうか？」と言われそうですね。私は、これをライフラインとして捉えることが大切だと考えています。

　石油のライフラインは、電気などの中央集中型ライフラインとは違う特性を持っています。それはエネルギーを各家庭で蓄えられることです。電気を家庭で蓄えるには巨大なバッテリーが必要で、とても高価です。ガスを各家庭で蓄えるのはとても難しいです（ただし、プロパンガスは各家庭で蓄えるタイプです）。

　石油、特に灯油は常温で液体として蓄えることが容易で、これを気体にして大きなエネルギーに変換できます。ポリタンクに入れて簡単に運べて家に置けるし、屋外に置く家庭用灯油タンクも普及しています。各家庭で蓄えられることが石油というライフラインの特徴で、「中央集中型ライフライン」と区別するうえで、私はこれ

を「分散型ライフライン」と呼んでいます。

　中央が止まっても、各家庭でエネルギーを備蓄しておけば、1週間程度自力で過ごす大きな糧となります。ガソリンも常時、車のタンクに半分以上入っていると、さまざまな状況に対応できます。

　分散型ライフラインを整備するためには、次の課題について検討・研究が必要です。

①分散型ライフラインを維持する仕組みの整備

・石油配送トラックを緊急輸送トラックとして優先通行させる仕組み（これはかなり整備されています）

・石油配送トラックを石油会社間で共有できるよう、例えば業務用石油備蓄タンクのバルブなどを共通化

②灯油タンク内の灯油の量を測定してガソリンスタンドなどに伝えるセンサーネットワークの整備（高齢者宅などのライフラインを支えるために重要です）

③地震時も漏れたり壊れたりしない家庭用タンクの設置

　これと並行して、各家庭で次の備えをお願いします。

車のガソリンはタンクが半分になったら満タンに給油する

（ライフラインを支えるのは人間です）

灯油タンクにいつも半分以上は灯油を入れておく

（ただし、灯油タンクの管理はしっかり）

電気が止まっても灯油だけで暖房ができる、電気不要のストーブを保管する

（振動したら自動消火するものにしてください）

できればガソリンなどで動くキャンプ用の発電機（3万～5万円程度です）**の保有**

　中央集中型ライフラインの整備は電力会社や行政が主役ですが、分散型ライフラインの整備は住民が主役です。今年を分散型ライフライン整備の年にしませんか。

Check Point

□ 自家用車にはガソリンが常に半分以上は入っ
ていますか。灯油の備えはありますか。

□ 石油（灯油）を燃料とするキャンプ用などの発電
機は備えていますか。備えている場合、定期的な
点検はしていますか。

□ 地震に遭っても耐えられる燃料タンクは備えてい
ますか。

家庭用タンク

提言

各家庭でエネルギーを備蓄しておけば、1週間程度は自
力で過ごす大きな糧となります。

消防署員の指導で土のうを積む住民たち

10 住民同士で防災リテラシーを高めよう

🪖 いざという時の判断力──
知識量はリスク回避を促す

48

　西日本を中心にした2018年7月の集中豪雨は、特に岡山県で浸水、土砂災害の被害が大きかった。倉敷市真備町では堤防が決壊し、広範囲が冠水した結果、50人以上が犠牲となった。長野県でも、王滝村では避難指示が、長和町では避難勧告が出された。土砂流出による通行止めも各地で生じたが、幸いにも人的被害はなかった。しかし、このような大きな自然災害を、皆が完全に避けて暮らすことは困難かもしれない。

　歴史的に見れば、長野県は災害の多い土地である。高く険しい日本アルプスから、富士見高原、美ケ原高原などの高原群、それらの山地の間にある盆地、と高低差に富む多様な地形に囲まれ、土砂災害が発生しやすい。さらに、山地と盆地の境界には活動的な断層が存在することが多く、それが急峻な山地に市街地が隣接する理由でもある。また、それらの活動的な断層は近い将来に大地震を起こし、甚大な被害が生じる危険性が指摘されている。1847（弘化4）年に起こった善光寺地震（長野盆地西縁断層による地震）では、揺れによる直接の被害も大きかったが、各地で大

地震発生時の対応策について
熱心に議論する住民

49

規模な地すべりも発生した。犀川では岩倉山が崩壊して天然ダムを造り、その決壊
による洪水は善光寺平に大きな被害を及ぼした。

　このように、長野県は斜面災害や土砂災害の潜在的な危険性が非常に高く、地震
のリスクと相まって大きな被害につながりやすい地域である。私たちは、周囲の自
然が持つリスクを理解し、日常的に準備をして、いざというときにより適切な判断
ができる力を備えるべきであろう。

　この力は最近、「防災リテラシー」と呼ぶことが多い。長野県に住む私たちにとっ
て必要な力といえる。「リテラシー」という言葉は本来「読み書き能力」のことを示
していたが、近年では「情報リテラシー」「コンピューターリテラシー」のように「利
用能力」「活用能力」として使われることが多い。とすれば、「防災リテラシー」と
は『防災に関わる情報を集め、歴史的な経験を理解した上で、それらを活用する力』
と読み替えることができよう。実際に自然災害についての知識量が増えると、リス
クを回避する具体的な行動が促されるといった研究も知られている。

　では、どうすれば「防災リテラシー」を高められるのだろうか？　方法は一つと

信州大学理学部が開いたサイエンスカフェ

は限らない。まずは災害を「知る」こと、災害で起こったことを「確かめる」ことだろう。信州大学では防災に関する公開講座や現地見学会を開催している。自治体やさまざまな機関で講演会なども実施されている。これらのイベントに参加することは、リテラシーを高める"近道"である。

　ところで「議論に参加する」「質問する」ことは、単純に「知る」こと以上に価値がある。読者の皆さんが、災害や防災に関連した議論に参加できる機会はあまりないかもしれないが、ぜひ探してほしい。自ら考えて質問したこと、議論したことはおそらく長く記憶に定着するであろう。自分の考え方や思い込みを見直すチャンスでもある。

50

　近年、「科学コミュニケーション」と呼ばれる分野が注目されつつある。本来、イギリスで始まったもので、科学者と科学者ではない人たちがやりとりすること、として広まってきた。「サイエンスカフェ」といった場も、科学コミュニケーションの一つであるが、現状では「専門家が分かりやすく科学に関連した何かを説明する」といった色彩が強く、専門家から聴衆への情報の"一方通行"になりやすいようである。

土石流の現場で防災対策を学ぶ市民向けの見学会

Check Point

□にチェックを入れてみましょう

□ 日ごろから災害を「知る」「確かめる」という意識や関心を持っていますか。

□ 防災をテーマにした講座や講演、見学会に関心を持ったり参加していますか。

□ 防災イベントなどで災害に関して議論したり、質問してみたことがありますか。地域でそのような機会はありますか。

　しかし、防災は専門家だけのものではなく、一人一人の感覚を大切にし、生活に密着した「問い」を社会全体で議論すべきものである。従って、専門家ではない人からの「問い掛け」がますます必要とされる。例えば「大雨で避難指示が出たとき、あなたは誰と、どこに逃げますか」「小さな地震が毎日のように起こっているとき、あなたはどうしますか」といった身近な問いを投げ掛けられたとき、皆さんはどう考え、専門家はどう答えるだろうか。災害への備えとして「正解のない問いを発信し合い、みんなで考える」といった取り組みは防災リテラシーを高め、地域コミュニティーを強くすることにつながるだろう。

提言

> 災害への備えとして「正解のない問いを発信し合い、みんなで考える」といった取り組みは防災リテラシーを高め、地域コミュニティーを強くすることにつながる。

ICTで土砂災害
危険度を知る。

土中の水分量、直接測定

　土砂災害は、突然私たちを襲い、大きな被害をもたらす恐ろしい災害です。ICT（情報通信技術）を生かし、こうした災害から人命を守ることはできないのでしょうか。

　2006年7月に南信地方などで発生した豪雨災害では、死者・行方不明者13人の被害が出ました。14年8月には、広島市の住宅地で広範囲にわたる土砂災害が起き、死者は77人に及びました。

　なぜこうした災害が発生するのでしょうか。その原因の一つが、地形や地質の条件が悪い斜面に多くの雨水がしみ込み、土の重さが増すとともに滑りやすくなるためです。

　従来は、斜面に水分が含まれているかを主に雨量データから推定してきました。しかし、これには限界があります。なぜなら、降った雨は

①土の中に浸透する

②斜面の表面を流れ出る

③蒸発や発散する―の三つに分かれ、雨量を量るだけでは実際にどれだけの水分が土にしみこんでいるのかを正確に推定できません。

　もっと問題なのは、雨がやんだとき、どのように土中の水分量が減るかです。それが分からないことが、避難指示をいつ解除するかという判断を難しくしています。

　ならば、危険そうな各地の斜面に土中の水分量を測定するセンサーを埋め、そのデータをネットワークで送り、警報を出せばよいのでは―。そんな思いか

土砂災害危険把握システム

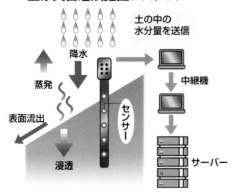

ら、センサー、土木、ネットワークを専門とするメンバーが集まり、11年から塩尻市北小野の山中でこの取り組みに挑んできました。

　今回開発したシステムは、斜面にセンサーを設置して土中の水分量を定期的に直接測定してサーバーに集め、土砂災害の危険度を推定します。

　今回使ったセンサー端末は、棒状の基盤に20センチごとに五つの新規開発センサーを取り付けたもので、これを斜面に埋設します。端末からは1時間ごとにデータが送られます。センサー設置には従来、電源・ネットワーク工事など大規模な作業が必要で、費用面の課題がありましたが、今回は乾電池で動き、簡単な無線ネットワークでデータを送る仕組みも作り、安価に展開できるようになりました。

　データをコンピューターで分析し、斜面の土の隙間をどのくらいの水が占めたのか（有効飽和度）や、実際に土中にどのくらいの雨が浸透したのか（累積浸透量）を求め、この二つの指標値から土砂災害の危険度を推定します。このシステムは、昨年10月に運用を始めました。

　「ICTは人を守ることができるのか」。この挑戦は、理解ある行政とともに、現在進行形で続いているのです。

53

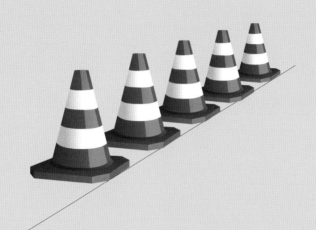

STAGE ①

備える

その2 自然のリスクを知る

山の崩壊抑える「森林神話」は絶大か？

森は人間を守ろうとしているものではない

　2017年7月5〜6日に降り続いた九州北部の豪雨で、福岡県と大分県を中心として、河川の氾濫や土砂の流出により甚大な被害が発生した事実は記憶に新しいところです。降雨量は各地で観測史上最大値を大きく上回り、福岡県朝倉市での24時間雨量は約千ミリ（レーダー解析雨量）にも達したとされています。

　記録的な豪雨により筑後川中流の支川で数多くの山腹崩壊や土石流が発生し、土砂とともに大量の流木が市街地に流れ込み、この多量の流木が被害の拡大を招いた可能性もあると指摘されています。これらの流木は山腹斜面の森林地が崩壊することにより発生したものです。また、崩壊が発生した場所と樹齢・樹種・間伐の有無といった森林の状態との間には明瞭な関係性が見られなかったという事実も注目に値します。

　森林は「木材生産の場」といった本来の機能のほか、国土保全や水源涵養（かんよう）等の多種多様な機能を発揮し、われわれ国民に多くの恵みを与えてくれているのは周知の事実です。よく知られているのは、森林の根がしっかりと土壌を緊縛するとともに杭（くい）効果を発揮し、斜面が不安定化するのを防ぐといった崩壊抑制効果です。

2018年北海道胆振東部地震により発生した大規模崩壊

57

　森林が持っているこれらの機能はどのような条件下であろうとも、また何時でも期待できるのでしょうか。残念ながら答えは「否」です。今回の九州北部豪雨の事例からも明らかなように、森林はわれわれと同様「生き物」であり、その限界を超える外力（今回は降雨量）に対しては森林といえども効果が及ばず無力になる、という事実を十分認識しておく必要があります。

　人間の都合ではなく樹木の立場で考えると、森林は生きていくために必要となる養分や水分を効率よく確実に吸収するために根系を地中深くまで伸ばします。根系が土壌を緊縛するのは樹木自身が斜面から滑り落ちないようにするためで、決して土壌強度を補強し、われわれ人間を土砂災害から守ろうとしているものではないことに気づかされます。人間は、森林の生命力の恩恵を副次的に授かっているにすぎないことを忘れてはなりません。

　当然、森林が成長すれば根はより地中深部へと伸びていきますが、根の伸びる深さにも限界があります。深層崩壊や地すべりなどの大規模な土砂移動は、根系の伸長深度をはるかに超える地中奥深くをすべり面として発生するため、根系による補

　強土効果を期待できなくなるばかりか、森林の成長とともに自重（地上部の枝葉や幹の重さ）も増加することになるため、森林が存在するだけで斜面は不安定化することにもなりかねません。

　近年、「森林には絶大な土砂災害抑制効果がある」といった森林神話が広まり、森林が持つプラス面の効果のみが一人歩きしているように思えてなりません。確かに森林は、われわれ人間の生活に数多くの恩恵を与えてくれます。しかしながら、森林といえども「生き物」であるが故におのずとその効果にも限界があります。状況によっては「土砂災害を助長する」といったマイナス面も併せ持っているという事実を、われわれは真摯に受け止める必要があるのではないでしょうか。

自然リスクへの視点

森の土砂災害抑制効果も限界を超える外力には無力になる。

●土砂崩れは根系の伸長深度より奥深くで発生する。

●森林も状況によっては土砂災害を助長する。

●多量の流木が災害を大きくする、あるいは助長する可能性もある。

●人間は、森林の生命力の恩恵を副次的に授かっているにすぎない。

59

2013年台風26号時に伊豆大島で発生した大規模な表層崩壊

「見た目では わからない災害」 にも注意

突発的な水質変化もあり得る

ゴールデンウィークやお盆休み、年末年始など1年を通じて信州には多くの観光客が訪れ、自然を満喫します。信州に暮らす皆さんにすれば当たり前の自然ですが、都市に住む人々にとってみれば本当に素晴らしいものです。信州暮らし5年目となる筆者も、窓から見える里山の新緑と遠景のアルプスの織り成す風景の素晴らしさに、今なお感嘆しています。

さて、風景を美しいと感じる要素の一つとして川があります。きれいな川というと、澄んでいて底までしっかりと見通せるものを想像するでしょう。しかし、このような川は生物の生息に適さないものも多いのです。「水清ければ魚すまず」ということわざもあります。清廉に過ぎるとかえって人にうとんじられることのたとえですが、植物プランクトンが少ないために透明度は高くても、それゆえに「生物相」（そこにすむ全生物の種類）は貧弱です。そこで今回は水質を例に、「見えにくい災害」について考えてみます。

群馬県にある吾妻川は、草津温泉の廃水などが流れ込むため、かつて川の水をそのまま農業用に利用することはできませんでした。そこで国土交通省は酸性状態の

60

噴火した御嶽山の火山灰が流入し、灰色に濁った川

水質を環境基準に合わせるために、アルカリ性の石灰を投入して「中和」する対策を上流の川で24時間行っています。対策前の水は、見た目には無色透明で非常にきれいですが、対策後は石灰分のため白濁します。一見、汚れたように見えますが、石灰のアルカリ成分が酸性水を中和し、下流での利用が可能になります。中和反応で生成する物質は途中のダムに沈殿させ、定期的に水底の土砂とともにさらいます。観光客を楽しませている温泉ですが、強い酸性の水質は生物だけでなく、橋やダムといった河川工作物にも影響を与えるのです。

火山や鉱山のある地域の川では見た目は濁りもなくきれいでも、突発的に基準値

以上の重金属が含まれ、強酸性になることがあります。川底が酸化鉄などにより真っ赤になるといった状況ならば、水質に問題があることは容易に想像がつきますが、酸性の度合いなど見た目では分からない変化もあります。2018年の、宮崎県の硫黄山（霧島連山・えびの高原）の噴火では、環境基準を超えるヒ素や強い酸性値が検出され、周辺の川に生息する魚類が大量死しました。このように突発的な自然現象によって水質災害が発生することもあります。

　ほかに全国各地に分布する休廃止鉱山（廃鉱）からの廃水が挙げられます。現在、稼働している大規模な鉱山は数えるほどしかありませんが、過去に稼働していた小規模なものを含めると、鉱山は全国で約6千カ所あるといわれています。そのうち450カ所が水質災害を防止するための対策を実施している、あるいは実施する必要のあるものです。草津温泉と同様に、対策を行っている施設のほとんどが24時間稼働していますが、何らかの理由で廃水処理が止まれば下流で水質災害が発生します。そのため、鉱山から廃水が流入する限り対策を続けなければならないのです。また、これまで対策を行う必要がなかった休廃止鉱山でも、火山活動の活性化や地震、土砂災害をきっかけに、たとえ見た目はきれいでも、強酸性や重金属を含む廃水が発生する可能性があるのです。

　水質災害を防ぐために、普段からさまざまな対策が取られていますが、その一方

自然リスクへの視点

災害は見えにくく想定しづらくなっている。自然のメカニズムに興味を持つとともに地域固有の状況を知っておくこと。

●こんな場所には突発的な水質被害に注意が必要。
　／鉱山（休廃止含む）
　／火山の山麓
　／化学物質で中和・排水処理している河川や温泉

●見た目はきれいな川でも、土砂災害をきっかけに強酸性や重金属を含む廃水が発生する可能性がある。

●洪水に浸かった場合にも注意が必要。

63

で対策を行っていない所やこれまで被害のなかった所でも、突発的に災害が発生することもあります。近年、災害は見えにくく想定しづらくなっています。そのためにも自然のメカニズムに興味を持つとともに地域の状況を知っておくことが大切なのです。

13

冬の災害
地域の特性
踏まえて対策

地形や気象環境によって大きく異なる

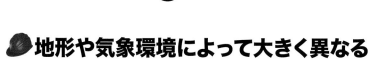

　信州の冬には大きく分けて「鉛色の空」と「青空」の、両方の地域があります。冬に積もる雪の深さにも気候の違いは現れます。北部は大陸から日本海を渡ってくる季節風の影響で雪の日が多く、中部や南部の平地は季節風が高い山脈を越えるため、空気が乾燥し、晴天の日が続きます。南部に位置する伊那谷に住んでいたころは、冬にはリップクリームが必需品でした。

　さて、南北に長い長野県ですが、都道府県の南北の距離について国土地理院の「日本の東西南北端点の経度緯度」のデータを基に大ざっぱに計算し、比較してみました。離島を含めて最も長いのは東京都で、鹿児島県、北海道、沖縄県…と続きます。離島を含めないと、長野県が一番南北に長い県だと分かりました。南北に長いことで、冬の災害も「積雪」の影響を受ける地域と「凍結」の影響を受ける地域に大きく分けられます。

　積雪に伴う災害といえば、交通まひが思い浮かぶのではないでしょうか。長野県は内陸に位置し、周りを山々に囲まれています。物流の要である高速道路や国道といった幹線道路が峠などで大雪に遭えば、物流は停滞し、商店の陳列棚は空になり、

豪雪のために国道で立ち往生したままとなった車の長い列

日常生活に大きな支障となります。近年は
スーパーやコンビニが各地にあるので、以前
より買いだめをしない方も多いのではない
でしょうか。もしもに備えて数日間の食料
をストックしておくことは重要です。日持
ちする食材やレトルト食品、インスタン
トラーメンなどを、意識して一つ二つ買
い増しておくと良いでしょう。

　道路に積もった雪の処理から災害に
つながる可能性もあります。例えば、
雪深い地域には雪を処理する「流雪溝」
があります。これは、流水を利用して
雪の塊を排出する設備ですが、人力
や機械で流雪溝へ雪を投入して初め

積雪のため渋滞する国道

て効果が発揮されます。しかし、流雪溝の流下能力以上に雪を投入すると雪が詰まってしまい、道路の冠水といった水害を引き起こします。

気温の低い地域では凍結による災害が発生します。例えば道路の凍結ですが、表面ではなく内側が凍る「凍上」と呼ばれる現象が発生します。これは地中の水分が凍結し霜柱に似た現象が起こり、地面が持ち上げられるもので、道路のひび割れ、盛り上がり、沈下などが発生します。ただ、気温が低くても雪の多い所では、大気の冷たさが地中へあまり伝わらず凍上が起こりにくくなる場合もあります。

災害は社会環境の変化とともに、これまで以上に複雑化しています。冬季に限らず災害を考える場合、地域の気象や地形などの自然環境を考慮する必要があります。例えば、同一の町内でも山地によって隔てられ

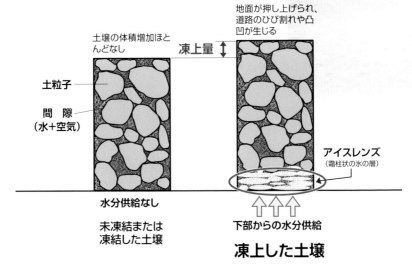

土壌の体積増加ほとんどなし

地面が押し上げられ、道路のひび割れや凸凹が生じる

凍上量

土粒子

間　隙
（水＋空気）

アイスレンズ
（霜柱状の氷の層）

水分供給なし

未凍結または
凍結した土壌

下部からの水分供給

凍上した土壌

（国土交通省 北海道開発局資料をもとに作成）

**自然リスク
への視点**

> **普段から周辺地域の環境に意識を向け、雪の降
> り方や気温、風向きに関心を持つ。**
>
> ●降る雪の多少、たまる場所、日当たり、風向きに関心
> 　を向け、細かな地区別に知っておく。
>
> ●多量の降雪による交通マヒに備え、食料を備蓄して
> 　おく。
>
> ●雪が少なく寒冷な地は、道路の内側が凍って持ち上
> 　がる「凍上」にも注意。

ることにより降雪量が少なくなることもありますし、風によって山側に雪がたまる
場合もあります。そのため普段から周辺地域の環境に意識を向けるとともに、雪
の降り方や気温、風向きに関心を持つことが大切になります。それを基に、旅先
で見た地域などと比較することによって、自分の住む地域の新たな理解につながっ
ていきます。地域を理解することこそが一番の防災となるのです。

67

14

多雪地帯は警戒
融雪期に
土砂災害の危険

急激な雪解けが進む場合は要注意

68

　標高の高い長野県は寒冷・多雪という際立った特徴を持ち、それが長野県内で発生する土砂災害に少なからず影響しています。ここでは「融雪」が関わる土砂災害の事例を紹介したいと思います。

　地上に降った雨や雪のことをまとめて「降水」と呼びます。どちらもやがて地中にしみ込んで最終的には河川に流出しますが、地上に降った雪は一時的に積雪層として蓄えられます。その後、春から初夏にかけて融解するため、河川に流出するまでには時間差が生じます。融雪水は水田かんがいをはじめとする農業用水の重要な供給源となるので、山岳域の積雪が下流域の水利用を支え

ているといえるでしょう。

　積雪と融雪が私たちの暮らしに恵みをもたらしてくれる一方で、融雪期には融雪水による土砂災害の危険性が高まります。積雪は、雨とは異なり水が固体（氷）で地表に保持されているわけですから、暖かい日が続いて急激に融雪が進んだ場合、短期間で多量の雨が地表面に降ったの

大量の流木をせき止めている桑名川砂防ダム。（飯山市）

と同じことになるのです。

　2017年5月に飯山市井出川流域で大規模な崩壊と土石流が発生しました。同年5月19日の早朝、井出川上流で大規模な斜面崩壊が発生し、3日後の5月22日には雨が降っていないにもかかわらず断続的に6回の土石流が発生し、一部が千曲川まで到達したのです。この時の土石流の瞬間を捉えた映像を長野県北信建設事務所のホームページで見ることができます。下流の桑名川砂防ダムが土砂や流木を受け止め、幸い人的被害はなかったものの、避難指示の発令やJR飯山線の運休、市道の通行止めなどさまざまな影響がありました。

　この斜面崩壊はどのように発生したのでしょうか。崩壊が発生した地点の付近では最大で4メートルを超える積雪があったと推定されていますが、4月上旬から5月下旬にかけて融雪が進んだとみられています。特に5月に入ってからは気温が比較的高い状況が続いていました。積雪深と気温のデータから融雪水量を推定し、融雪水量と降雨量から土壌中の水分量を推定した研究では、推定された土壌中の水分量が最大になった時点が崩壊発生のタイミングとよく合うことが報告されています。つ

上流部であった崩落で土砂が流入した井出川と、
1年後に完成した新たな砂防ダム（飯山市）

まり、融雪と降雨がもたらした水が
土壌にしみ込んで、斜面崩壊が発生
したと考えられるのです。今後、融
雪が斜面崩壊にどのような影響を及
ぼしているのかをより詳しく知るためには、山岳域の降雨や積雪の分布を詳しく把
握することや、融雪に伴う水の供給をより正確に知ることが必要でしょう。

　雪が私たちの生活に与える影響には雪崩や落雪、交通障害などさまざまなものが
ありますが、融雪期に土砂災害の危険性が高まるということも心に留めておくこと
が大切だと思います。

**自然リスク
への視点**

暖かい日が続いて急激に融雪が進んだ場合、大雨が降ったのと同じことになります。

●多雪地では、気温が高い日が続いた場合や、まとまった雨が降った時、要注意。

●晴れていても土砂災害の起きることがあります。

●山岳域の降雨・降雪・残雪の状況や天気予報に注意しましょう。

71

15

解明はまだ
風が引き起こす
大規模破壊

●間伐後の数年間は注意必要

　日本は国土の約7割を森林が占めます。長野県も県土の約8割が森林という日本有数の森林県です。私たち日本人は古くから森林と強く関わりながら生きており、現在は林業やキノコ、山菜など特用林産物の収集、栽培のほか、バイオマス資源、レクリエーション、さらに水源涵養、土壌や生物多様性の保持、二酸化炭素（CO_2）吸収源としての地球温暖化抑制という、私たちの生活だけでなく、地球規模でもあらゆる役割を担っています。

　しかし、人間の活動は時に貴重な森林をなくしてしまうことがあります。世界各地で今も起きている違法伐採などです。ほかにも森林が短時間で消滅してしまうことがあります。突発的な気象や火災などの現象が原因です。特に雪、風害、水、山火事などが森林を破壊します。もちろん小さい破壊であれば森林自身の力で回復するでしょう。しかし、この破壊が数十〜数百ヘクタール以上になると、環境が破壊され、地元経済にも影響を及ぼします。ここでは特に大規模破壊を引き起こす風害についてお話しします。

　森林の風害は、日本においては大型台風や温帯低気圧によって引き起こされます。

風倒木の除去作業

73

私たちは残念ながら台風など
の進路や強さを変えることは
できず、森林を移すわけにも
いきませんから、一見、不可
抗力であり対策はできないと
長い間考えられてきました。
もちろん、国内外の研究者や
造林関係者は、対策として木
の配置を考えた植林などをし
てきました。ですが、森林の風害は大規模でも頻度が低いことから情報が十分では
なく、いまだに対策の決定打がない状態です。間伐直後の数年間は強風害が発生し
やすいことが明らかになってきましたが、いつ来るか分からない台風を予測して間
伐を実施することは不可能です。どのようなメカニズムで木が破壊されていくかも
分かっていません。さらに強風時に森林内へ立ち入ることは安全上難しく、この間

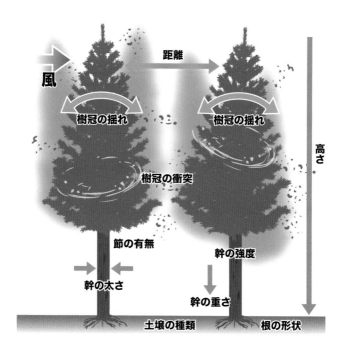

風

距離

樹冠の揺れ

樹冠の揺れ

高さ

樹冠の衝突

節の有無

幹の強度

幹の太さ

幹の重さ

土壌の種類

根の形状

に森林内で一体何が起こっているのか、謎に包まれたままです。何が森林風害の解明を難しくしているのでしょうか。

　森林の風害は突風などで圧力が木にかかり破壊される物理学的現象です。森林内の木は地上部から地下部までさまざまな形状や強度を持っており、さらに通常は周辺木と空間的にも共生しています。つまり、木の高さや幹の太さと重さ、強度、樹冠の大きさと揺れ、根の張り方や土壌の状態によって、風に対する耐性が異なります。さらに強風時に隣の木が倒れれば、その影響を受けるでしょう。私たち科学者はあらゆる可能性を考慮しながら、現地調査、試験、コンピューターを使ったシミュレーションなどによって、風により森林がなぜ破壊されるのかを解き明かそうとしています。そして森林破壊を軽減する方法を探っています。

　今後、地球温暖化によって気温だけでなく台風、温帯低気圧の経路や強度が変化することが予測されています。気象現象による森林破壊を完全になくすことはできませんが、私たちの行動一つでその規模を小さくできることを心に留めておくことも必要です。

自然リスクへの視点

風害は避けられない自然災害。行動一つで規模を小さくできることもある。

●森林が短期間で消滅──環境や経済に影響大。

●発生メカニズムは謎。対策に決定打なし。

●大型台風や温帯低気圧で発生。地球温暖化で対策はさらに難しくなる？

16 地震減災のために 活断層との 共存を念頭に

生活の場と切り離せない関わり

　県歌「信濃の国」の一番を思いだしてください。「松本　伊那　佐久　善光寺　四つの平は肥沃の地」というくだりです。長野県の生活の場が、いくつもの盆地からなっていることがうたわれています。山地ばかりでは、たくさんの人が生活することはできません。長野県の場合、平らな盆地こそが生活の場となっています。そこでは生産が行われ、町が発達し、産業や文化が興りました。

　では、私たちの生活をはぐくむ長野県の盆地はどのようにして成立したのでしょうか。

　日本列島は、ユーラシア大陸と太平洋の間にあります。そこは、図1のように、大陸や海洋底を作る四つのプレートが接するところです。日本列島は、プレートが互いに押し合っている場所なのです。中部地方では、プレートが押されることによって隆起が生じ、高地が作られています。長野県の盆地は、この高地に形成された断層に沿って位置しています。

　プレート内に働く圧縮力によって断層が動くと、一方の岩盤が他方の岩盤の下に潜り込んでいきます。「逆断層」（図2右）です。何度も断層が動くと、やがて大き

長野市篠ノ井で見つかった善光寺地震の断層。中央部分左側にせり上がる逆断層、右側にずれ落ちる正断層が見える

地震で水田に発生した亀裂

77

な溝状の地形が作られますが、そこには山地から土砂が運ばれて埋め立てられ、細長い盆地が作られます。人が利用しやすい場所が作られることになります。

　松本盆地を例として見てみましょう（図3）。松本盆地では、西側の岩盤が、東側の岩盤の下に潜り込んでいます。この逆断層によってできた溝状の地形が、山地から運ばれた土砂によって埋め立てられて、平らな場所が作られました。

　長野盆地と伊那盆地も同様にしてできた盆地です。上田・佐久盆地は、逆断層の動きで広い地域が落ち込むことによって作られたことが最近わかりました。諏訪盆地は少し変わっていて、水平方向に断層が動いてできた大きなくぼ地です。くぼ地に水がたまり、土砂による埋め立てが進んで現在の姿になりました。

　松本、長野、伊那、上田・佐久、諏訪という5つの盆地の形成には、例外なく断層が関わっています。この断層は、これからも活動を続けて地震を起こす「活断層」です。

　松本盆地の東側には「松本盆地東縁断層」と呼ばれる活断層が走っています（図4）。牛伏寺断層などとともに、日本列島を横断する「糸魚川―静岡構造線活断層

長野県の盆地とプレート境界 (図1)

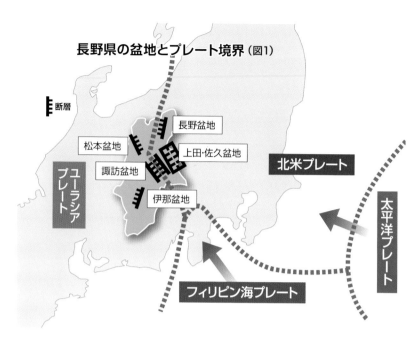

断層

松本盆地
諏訪盆地
長野盆地
上田・佐久盆地
伊那盆地

ユーラシアプレート

北米プレート

フィリピン海プレート

太平洋プレート

断層図解 (図2)

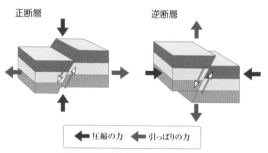

正断層

逆断層

←圧縮の力 ←引っぱりの力

文部科学省小冊子「地震の発生メカニズムを探る」より

松本盆地 (図3)

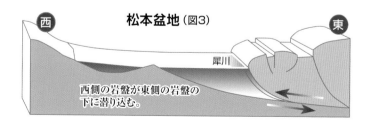

西

東

犀川

西側の岩盤が東側の岩盤の
下に潜り込む。

自然リスク
への視点

長野県の盆地の形成には、例外なく断層が関わっています。この断層は、これからも活動を続けて地震を起こす「活断層」です。

● 信州の盆地は断層がつくる「溝」に沿って位置している。

● 軟弱地盤では地震による液状化も想定を。

● 今も活動が続く「活断層」。それを踏まえて「減災」を心掛けながら共存してゆくことになる。

県内の主要活断層帯 (図4)

長野盆地
西縁断層帯

●長野

松本盆地
東縁断層

堺峠・神谷断層帯

糸魚川－静岡
構造線断層帯

松本

木曽山脈西縁断層帯

伊那谷断層帯

●飯田

(地震調査研究推進本部の
資料などをもとに作成)

帯」をなすものです。その北部では、2014年に長野県神城断層地震が起こりました。

長野盆地の西側にある活断層は、1847（弘化4）年に善光寺地震を起こしました。また、その北への延長線上では、2011年に長野県北部地震が起こりました。

伊那盆地の西側、木曽山地のふもとには、伊那谷断層帯を構成する活断層が走っています。諏訪盆地では、糸魚川―静岡構造線活断層帯が通過しています。ここには軟弱地盤が広がっていて、地震のときに大規模な液状化が起こることが予想されます。活断層は地震災害をもたらしますが、私たちにとっては生活の場をもたらしてくれた存在でもあります。この先、減災を強く心掛けながら活断層と共存してゆくことになります。

前兆?…奇妙な現象
科学的な
評価は困難

「地震雲」や動物の異常行動

地震の前に起こるとうわさされる奇妙な現象をご存じでしょうか？

「鯨や深海魚が打ち上げられた」「犬が尋常でない騒ぎ方をした」「不思議な雲が現れた」などで、これらは「宏観異常現象」と呼ばれます。

もともと中国語で、観測機器を使わずに目で観察できる異常を指し、そのメカニズムは地下の岩盤が破壊される時に発生する電磁波やガスに動物や気象が反応するためという人もいます。こうした異常現象の後に大地震が起こった例は古くから数多く知られており、中国では1975年の海城地震で宏観異常予知に成功したと報じられました。信州大の人文学部社会学研究室と地域防災減災センターが共同で、2017年に長野県民1300人を対象に実施したアンケートでも、こうした前兆を肯定的に捉える人が多いことがうかがえます＝グラフ。

一方、こうした宏観異常現象による地震予知には、地震学者の多くは否定的で、例えば気象庁のホームページでは、「地震雲」は「現時点では科学的な扱いはできない」としています。それは、頭ごなしに迷信だと否定しているのではなく、予知の的中とされるものが「心理的な錯覚である可能性」を排除できていないことが原因の一

81

つです。

　例えば、日本で2016年に震度1以上を記録した地震は6587回、震度4以上で192回にもなります。そこで地震予知が成功したと言うためには、場所・時期・規模の三つの要素を的中させなければなりません。もし、どれかが曖昧であれば大方は的中するからです。「近日中に長野県でちょっとした規模の地震が起こる」と言えば、たいてい当たるでしょう。地震予知を「的中」と判定するためには、こうした基準をクリアしなければなりません。

　一方、身の回りで動物の異常行動や奇妙な雲も頻繁に見ることができます。全国で飼い犬の登録数は650万匹にもなりますので、仮に1匹が10年のうちに1度だけ尋常でない暴れ方をしたとしても、1日当たり1800匹近くがどこかで暴れている勘定になります。そして猫も野生動物も、すべてが観察対象になります。鯨類が岸辺に打ち上げられる「ストランディング現象」は、2015年には370件も記録されています。地震雲も定義が明確でなく、ちょっと変わった印象を受けるような雲は日常的に数多く観察できるでしょう。

地震の前兆として動物が
普段見られないような異常行動を
するというのは本当だと思う

否定的 **6%**
どちらとも
言えない
23%
肯定的
71%

地震の前兆として「地震雲」と
呼ばれる独特の雲が観察される
というのは本当だと思う

否定的
21%
肯定的
34%
どちらとも
言えない
45%

阪神淡路大震災後に報告された 異常現象（1711件）の内訳

異常現象	報告割合(%)	件数
空と大気の異常	29	490
動物の異常		
獣類	19	324
鳥類	16	281
ヒト	5	91
魚類	5	93
昆虫など	3	43
爬虫類など	2	40
植物	1	11
大地の変化	11	189
その他（電磁波異常など）	9	149

【例】
「飼いネコとノラネコが、直前に姿を消し余震前にもいなくなった」（芦屋市・男性）
「数分前、近所の飼い犬が激しく吠え立てた」（羽曳野市・男性）
「前日の夜、ネズミが非常に騒いだ」（伊丹市・女性）
「前日の須磨水族館のイルカは、ショーが終わっても水槽から引っ込まなかった」（長田区・女性）

e-PISCO のホームページを参考に作成

自然リスク
への視点

「宏観異常現象」…現時点では科学的に確立した現象とは言い難く、仮に事実だったとしてもノイズ(雑音)が多すぎて役に立たないのも事実。

● 現象を体験した後に、大地震が起こった例はある。しかし、専門家は心理的な錯覚だと考えている。

● ひんぱんに起こる日常の出来事の間に、関連性が見つけ出されてしまう。

　このように宏観異常と解釈されるような現象は、実は毎日のように身のまわりで観察される出来事であるために、これもとても頻繁に起こっている地震との関係性が錯覚されやすいのです。全く地震が無かった時でも、6割程度の人は日常の中で宏観異常と同じ現象を目撃しているという調査報告もあります。

　もちろん、動物の鋭敏な感覚がわずかな前兆を捉えている可能性はありますし、魅力的な研究テーマとも言えます。しかし、現時点では科学的に確立した現象とは言い難く、仮に予知技術に応用するにしてもノイズ(雑音)が多すぎて役に立たないのも事実です。同様の前兆予知は、世界各地で試みられた歴史がありますが、過去の地震では的中できていたのに、これから起こる地震の予知となると、全くうまくいきませんでした。

　大地震はいつ起こっても不思議ではありません。宏観異常とは無関係に、備えは常に心掛けておくべきでしょう。

83

身近になりつつある
ロボット活用

火山や土砂災害で活躍

　2018年6月、地球から約2億8千万キロメートルかなたの小惑星りゅうぐうに探査機「はやぶさ2」が到着しました。その後、はやぶさ2から、りゅうぐうに向けてロボットが投下され、無事に着陸。このロボットの活躍によって、誰も知らなかったりゅうぐうの姿が明らかになりつつあります。こうしたロボット技術は、宇宙だけでなく、信州に暮らす私たちの防災減災にも活用が期待されます。

　日本は世界有数の火山大国であり、長野県内にも御嶽山や浅間山などの活火山が存在します。ひとたび火山が噴火すると岩石や火山灰が噴出しますが、その岩石や火山灰が堆積した斜面に雨が降ると、土石流や泥流が発生する危険性があります。土石流や泥流が下流にもたらす被害を低減するためには、被害の範囲を予測し、早急に避難計画を立てることが肝心です。被害の範囲を予測するためには、山の斜面に堆積した岩石や火山灰の量を正確に把握する必要がありますが、火山活動が活発な火山に人が立ち入り、その調査を行うことはとても危険です。

　私たち信州大繊維学部の研究グループでは、このような危険を伴う火山の調査に、無人飛行ロボット（ドローン）や移動ロボットを活用するための研究を行っています。火山調査のシナリオとして、まずドローンを使って移動ロボットを運搬し、山の斜面に投下します。その後、移動ロボットが山の斜面を駆け降りながら、搭載したカメラを使って堆積物の様子を撮影します。ロボットが撮影した写真から堆積物の状況を確認し、避難計画の立案に活用することで、

移動ロボット

火山噴火に伴う被害が低減できると期待されます。このような火山災害における減災に役立てるために、安全な遠隔地から人がロボットを運用するための操作支援ツール（装置）や、人を介さずにロボットが自律的に調査を行うための制御アルゴリズム（演算方法）の研究に取り組んでいます。

　ほかの災害にもロボットの活躍は期待されています。2018年は台風が多く、長野県内でも大雨による土砂災害が発生しました。林道が多い県内では、土砂災害によって道路が寸断されることで、市町村が周辺から隔離される可能性があります。その際には、雨や風に負けない頑強なドローンを利用することで、上空からいち早く孤立した市町村に必要な物資を届けられます。災害現場の状況を把握することもできます。土砂災害現場の復旧工事には、建設ロボット（無人建設機械）を使用します。遠隔操縦が可能な建設ロボットを活用することで、作業員が二次災害に遭うことなく、安全な復旧作業が可能になります。

　浅間山では、2009年から火山災害へのドローンや移動ロボットの活用を目指したフィールド実験が活発に行われてきました。また、建設分野では、県内企業が進める、情報通信技術（ICT）を活用した無人化施工技術が成熟してきています。ロボットを活用した防災減災は、私たちの身近なものになりつつあります。

千葉大学鈴木智准教授より提供

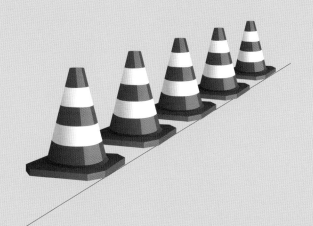

STAGE ②

その時

被災時の応急対応を学ぶ

1

覚えておこう
応急手当て
救急医が教える救護法

災害救助訓練でけがの程度を
確認する参加者

消防局や日本赤十字社の講習会で学ぶ

　大規模な災害が発生したら、まず家族と自分の身の安全を守ることが第一です。
それでもけがをしてしまったらどうすればよいでしょうか？

　大規模災害時には傷病者が一度に多数発生します。医療機関は設備の損壊や医薬
品の不足などで普段通りの医療が提供できなくなることがあります。すなわち、医
療の需要と供給のバランスが崩れます。

　搬送にも支障が出ます。長野県内では平常時119番通報をすれば救急車は平均9
分で駆けつけます。しかし救急車の台数は県内に140台余、各消防本部・局で平均
すると10台程度です。大規模災害時に一地域内のあちこちで同時に救急要請があっ
ても10台程度の救急車では全てに対応できません。交通も混乱します。消防には消
火や救助の車両もありますが、いずれにしろ119番通報しても平時と同じようにす
ぐ救急隊が来てくれるとは限りません。

　そこで重要になるのが「自助、共助」です。災害時医療の場合は、つまり自分、家族、
隣近所、職場などで互いに救出や応急手当てを行うことです。一般市民にもで

きる応急手当てとして覚えておきたいのは出血に対する止血、傷の処置、骨折の固定、一定時間の傷病者管理、搬送、そして心肺蘇生の方法です。

　例えば次頁のイラストのように、大量の出血に対しては出血部位を直接圧迫して止血するのが基本です。きれいなガーゼやハンカチを傷口に当てて強く圧迫しますが、感染予防のためスーパーのレジ袋などを利用して、他人の血液に直接触れないように注意します。傷の応急処置としては、傷口が土などで汚れていれば水をたくさん使ってよく洗い落とすことが最も重要です。その後、滅菌ガーゼなどを使って傷口を保護し、包帯を巻いておきます。骨折していれば、添え木を当てて固定することが大切です。動かないように固定すると出血や痛みを軽減できます。雑誌を丸めて添え木の代用にしたり、レジ袋で三角巾の代用にしたりすることができます。

　現場で傷病者を見守るときは、衣服やベルトを緩めて、本人にとって楽な姿勢を取ります。意識がないときは嘔吐物などによる窒息を防ぐため、横向きの姿勢（回復体位）にして気道を確保します。体温が逃げないように毛布などで保温することはとても重要です。地面やコンクリートの床などに寝かせる場合、下に敷くものを厚くします。

　外傷による傷病者を搬送する場合は、揺れや振動が少なくなるように担架やその代わりになる大きな板などに乗せて運ぶのが理想です。それらがない場合、災害現場から他の安全な場所へ緊急に移動させるために、背負うなどして搬送します。現場で応急処置をした後、最終的には医療機関を受診してしかるべき治療を受けていただきます。

　これらの応急処置は消防局や日本赤十字社が行う救急法の講習会で学ぶことができます。応急手当てや救命処置に慣れておけば、災害時のみならず普段の生活にも役立ちます。このような講習会に参加することをお勧めします。

骨折・捻挫の
応急手当

そえ木で固定する

骨が折れて痛みがあるところを、むや
みに動かすのは禁物です。折れた骨を
支えるそえ木になるものを用意し、折
れた骨の両側の関節とそえ木を、布な
どで結び固定します。

雑誌・段ボールなども応用可能

三角巾は大きめのレジ袋の
両端を切り裂いて代用可

三角布で腕を固定

スカーフや風呂敷以外にも、
大きめのレジ袋の両端を切り
裂いて代用可能。

出血の応急手当

出血に対してはまず
直接圧迫による止血

レジ袋など

ガーゼやハンカチ

手近にあるスーパーのレジ
袋などで出血個所をきつく
抑えて止血します。

傷の応急手当

水道水や飲料水など、なるべくきれい
な水をたくさん使って傷をよく洗いま
す。土や木くずなどの異物が残らない
ようにし、周りの皮ふの汚れも落とし
ておきます。

① 仰向けに寝かせるのが基本

最も安定した自然な体位

② 吐いたり、背中にケガをしている

③ 呼吸はしているが意識がない

あごを腕の上に乗せて気道を確保。
上の足は90度曲げる。

頭にケガをして
呼吸が苦しそうなとき
心疾患や喘息などの呼吸困難にも
有効

腹痛や腹部に
ケガをしている

呼吸や胸が
苦しそうなとき

傷病者が望む姿勢や、楽に呼吸でき
るような体位にして安静を保つ。体
温低下を防ぐため、毛布で保温する。
傷のある部分が、安静になるように。

熱中症・貧血・出血性ショック
脳や心臓に血液を多く循環させる効果。

1 倒れている人の意識を確認

災害時は救急隊の到着が遅れることが予想される。倒れている人を見かけたら、肩をたたき「わかりますか!」と呼びかける。返事があるか手足が動くか、痛みへの反応などにより意識の有無を確認する。

わかりますか!

2 まわりの人に協力を求める

反応がない場合は、大声で周りに助けを呼び、救急隊への通報とAEDの手配を依頼する。誰も来なければ自分で行い、近くにAEDがあれば準備する。可能な応急手当も行う。

だれか来てください!

94

3 呼吸を確認する

気道の確保をしながら呼吸をしているか、胸を見て呼吸による上下運動があるか、10秒以内で確認する。呼吸がない場合や呼吸の状態がよくわからない場合は、胸骨圧迫を開始する。

4 胸骨を圧迫する

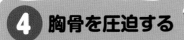

直ちに胸骨圧迫30回を開始。
「胸骨」と呼ばれる縦長の平らな骨の下
半分を押す。傷病者の胸に垂直に体重が
加わるように手を重ねて置き（指を組む
とよい）、傷病者の胸が約5cm沈み込む
ように圧迫する。1分間に100〜120
回で、絶え間なく行う。

5 人工呼吸をする

片手を額に当て、もう一方の手の人差指と中指の2本
をあご先（あごの骨の硬い部分）に当てます。頭を後
ろにのけぞらせて、あご先を引き上げて気道を確保。

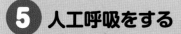

気道を確保し、額に当てた手の親指と人
差指で傷病者の鼻をつまみ、傷病者の口
を覆って息を吹き込む。傷病者の胸が軽
く上がる程度の量を1秒かけて吹き
込む。息が自然に出るのを待ち、繰
り返す。

95

6 AEDを使う

電源ボタンを押し、音声メッセージに従う。電極パッド
を胸に貼り、電気ショックが必要と判断された場合は
音声メッセージに従い、傷病者から離れてボタン
を押す。すぐに胸骨圧迫を
再開する。

離れてください

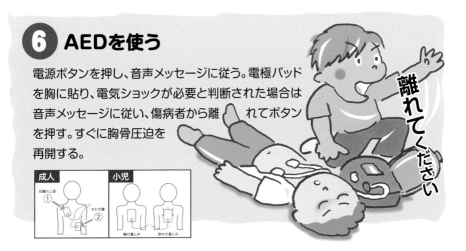

成人

小児

胸の真ん中　　背中の真ん中

2 災害医療 基本はトリアージ

負傷せぬよう「予防」、 負傷したら「自助・共助」が大切

　自分や家族がけがをしたり急に具合が悪くなったりして医者にかかったことがありますか?　そうしたとき昼間なら近くの診療所や病院へ、夜なら当番医のところへ行かれたことと思います。救急車を呼んだ方もいるかもしれません。ほとんどの場合、多少待たされることはあったとしても必要に応じて速やかに診察を受けられたことでしょう。

　ところが、大規模な災害が起こると状況は一変します。一度に多数のけが人が発生する可能性があります。避難生活によって体調を崩す人もいます。普段服用している薬を持たずに避難する人もいます。すなわち医療を必要とする人が一気に増えるわけです。

　一方、医療機関は建物や医療機器が損壊して使え

災害時のドクターヘリによる傷病者搬送
(御嶽山噴火災害時)

参集したDMAT隊と資機材
（東日本大震災時）

**県内の災害拠点病院と
ドクターヘリ体制**

県厚生連
北信総合病院

長野赤十字病院

長野市民病院

大町市立
大町総合病院

厚生連篠ノ井病院

国立病院機構
信州上田医療センター

信州大学
医学部
付属病院

相澤病院

県厚生連
佐久総合病院
佐久医療センター

県立木曽病院

諏訪赤十字病院

伊那中央病院

飯田市立病院

97

なくなったり、薬品や医療材料の供給が滞ったり、また医療従事者が被害を受けて人手不足になったりして、普段通りの医療を提供できなくなる可能性があります。つまり、医療の需要と供給のバランスが大きく崩れるわけです。ここで「トリアージ」が必要になります。トリアージとは、限られた医療資源を有効に活用するために患者さんの緊急度、重症度に応じて治療の優先順位を決定することです。

　災害時医療の仕組みとして長野県には10の二次医療圏があります。それぞれの地域にある「災害拠点病院」を中心に災害医療が行われ、2カ所にはドクターヘリが配備されています。では、災害時にけがや病気をしたら皆が災害拠点病院に行けばいいのかというと、そうではありません。災害医療の一番大切な目標は「防ぎ得た災害死」をゼロにすることです。平時であれば助かる命が、大規模災害だからといって失われることは避けねばなりません。

　災害拠点病院はまず重症患者さんを優先的に収容して治療したり、医療資源の豊富な被災地外へ搬送したりします。自力で医療機関にかかることができる軽症、中等症の人はどこに行けばいいのかというと、災害時にかかるべき医療機関は地域ご

災害拠点病院に設置されたDMAT活
動拠点本部（御嶽山噴火災害時）

とに決められています。もちろん災害拠点病院もその中には含まれます。また、災
害時には一部の避難所などに医療救護所が設営され、軽症者に対応します。これら
は地域の広報などに明示されているので、一度は自分の住む地域について確認して
おくとよいでしょう。

　災害時には被災地外から多くの医療支援の手が差し伸べられます。代表的なもの
はDMAT（災害派遣医療チーム）です。災害医療の専門集団で、発災直後から活動が
始まります。災害拠点病院に集結した後、被災地内の病院、医療救護所、災害現場
での診療や患者さんの搬送に当たります。日本赤十字社や日本医師会をはじめとす
るさまざまな医療チームも被災地に入って医療支援に当たります。

　このように災害医療の体制は最近非常に充実してきました。しかし、自分と家族
の命を確実に守ることができるのはやはり自分です。家具の配置の工夫・固定や
建物の耐震化など日頃からの防災減災努力、すなわち「予防」に勝るものはありま
せん。災害が起きたときは家族や隣近所同士で救助、応急処置をするなど、医療面
でも現場での自助、共助が極めて大切です。

●トリアージの項目

順位・分類	病体	対応
I 最優先治療群 （重症群）	生命を救うために直ちに処置が必要な状態。 呼吸困難、大出血など	最初に搬出・搬送
II 待機的治療群 （中等症群）	2、3時間程度治療が遅れても、生命に危険がない状態。 熱傷、骨折など	赤色の対応終了後に搬出
III 保留群 （軽症群）	歩行可能で、けがの程度が軽い状態。 脱臼、打撲、捻挫など	歩いて移動
0 死亡群 （無呼吸群）	すでに死亡しているか、蘇生の見込みのない状態。 （気道を確保しても、呼吸がないもの）	最後に搬出

3 被災時の心と体
「ストレス」で自分を知る

🪖 測定値から心と体の健康チェック

　私たちは，さまざまな災害と隣り合わせで暮らしています。日本だけでなく世界各国で、異常気象や地震による災害が、ほぼ毎年発生しています。長野県でも、2019年10月に台風による豪雨で千曲川が決壊したのは記憶に新しいところです。予測不可能な事態は、私たちに強いストレスを与えます。中でも災害のもたらすストレスは非常に大きく、個人の対処能力を簡単に凌駕してしまいます。

　災害が起きた場合、私たちはどの程度のストレスを受けるのでしょうか。その状況を把握し、目に見えるように数値で表すことができれば、心と体のケアに役に立つかもしれません。

　ヒントになるのが、感情にまつわる物質です。脳の神経細胞では、無数の信号のやりとりが行われており、これらの信号の受け渡しには神経伝達物質と呼ばれる何十種類もの物質が介在しています。例えば、ドーパミンです。脳でこの物質が欠乏すると感情の起伏がなくなり、場合によっては身体まで動かなくなります。こうした物質の量が多いか少ないかで感情が左右されているようです。もし、脳内で分泌されている物質の量を測ることができれば、その人が今どんな感情にあるのかが分

多くの避難者が身を寄せる小学校体育館の避難所

かるはずです。

　感情に比べて、ストレスの可視化は社会的要請が大きいといえるでしょう。医学の発展により、心と体がストレスを感じ取る仕組み、遺伝子のメカニズム、環境による心身への作用が科学的に解明されてきた今、ストレスを数値化することも夢ではなくなりつつあります。

　ただし、採血しなければ測れないのでは、少々困ります。そこで有効なのが唾液の活用です。唾液は濃度の差こそあれ、血液とほぼ同じ化学物質が含まれているという事実は意外と知られておらず、医療現場でさえ唾液を積極的に応用しようという試みはあまりなされてきませんでした。しかし、唾液からエイズ（後天性免疫不全症候群）を診断するキットが米国で発売されて脚光を浴び始め、最近ではストレスやがんの検査への応用が研究されています。

　唾液検査が実現すれば、「ちょっと体の調子がおかしいな」と思ったときに薬局で唾液検査キットを買ってペロッとなめて健康をチェックし、「怪しいぞ」という結果が出たら早めに病院へ行けば、手遅れになる前に健康を回復することもできるでしょ

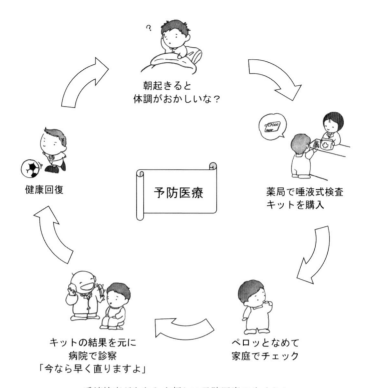

唾液検査がもたらす新しい予防医療のサイクル

う。この考え方は予防医療と言って、高齢社会では大変重要な方法の一つです。

　私たちは、ストレスによって唾液中の消化酵素「アミラーゼ」の濃度が増えることをマーカー（指標）として利用する小型の測定器を、医療機器メーカーと共同で世界で初めて実用化し、2005年に発売しました。この測定器では測定結果が数字で表示され、ストレスの度合いの物差しとして活用できます。例えば、自動車を運転しているときに、自分では「まだ大丈夫！」と思っていても、このような測定器があれば、あなたの本当の状態を示してくれることでしょう。

　東日本大震災の直後に、被災地の中学生70人の唾液マーカーを私たちが分析したところ、不調を訴えていた生徒から、うつ傾向という非常にわずかな変化を発見し、その後のケアに活用できました。このように、大災害が発生すると、心の均衡が崩れた状態となり、災害が自分に及ぼす影響を正しく判断することが難しくなり

**実践
ポイント**

市販の唾液検査キットで健康チェック。異常を感じたらケアを。

唾液を検査する小型測定器が活用できる場合もある。

不調が教えてくれる自分の特性を理解しておく。

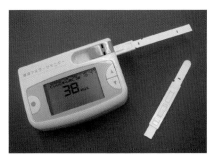

唾液検査キット

103

ます。

　しかし本来、ストレスは打ち勝つべき敵ではなく、共存していくべきものなのです。ストレスを感じることは、心身の状態を一定に保とうとする機能が正常に働いている証しでもあります。むやみに恐れる前に、忍び寄る不調が教えてくれる自分の特性を発見しましょう。「己を知る」ことができれば「百戦危うからず」に近づけます。病気などの最悪の事態を避けることができるでしょう。

4

災害情報の伝達
電波で一斉発信
放送の強み

放送と通信、優れた伝達手段は

　大規模な災害が発生したとき、私たちはまず身の安全を確保する行動を自分自身で取るように求められます。このときに必要となるのが、さまざまな災害情報です。どの地域が危険なのか、どこに避難所があるのか、交通機関はどんな状況なのか、どこに行くと食料や毛布などがもらえるのか―といった情報を早期に得ることが重要です。

　今、若い人を中心にテレビなどの放送離れが進んでいると言われています。テレビを楽しむより、インターネット上の映像などを自分の好きなときに楽しむ人が増えています。では、通信は放送と置き換わるのでしょうか？　災害発生時の住民への情報伝達という観点から考えてみましょう。

臨時災害放送局の送信機。生活
支援制度に関する情報を発信する

105

　私たちは情報伝達の手段として、スマートフォンやタブレット、パソコンといっ
た情報機器を利用した通信システムを主に考えます。例えば、多くの大学には学生
の携帯電話のメールアドレスを登録しておき、学生に災害情報をメールで一斉に知
らせる仕組みがあります。自治体も同じような仕組みで住民への情報伝達を考えて
います。

　しかし、大規模な災害が発生したとき、この通信システムを支えるための電力や
通信インフラは広範囲にわたって被害を受けます。2011年の東日本大震災では、
地震直後に東北電力管内での停電は延べ486万戸と大規模でした。不通になった固
定電話はピーク時に約100万回線に及び、電波が止まった携帯電話基地局はピーク
時には1万4800局になりました。電力と有線通信ケーブルを前提とするインター
ネット回線も使えなくなりました。

　一方、テレビやラジオの放送は情報を伝え続けました。過去の新潟県中越地震な
どでも同じ状況が見られました。では、なぜ通信が使えないのに放送は使えたので
しょうか？　それは、通信と放送の仕組みの違いによるのです。通信は送信元から

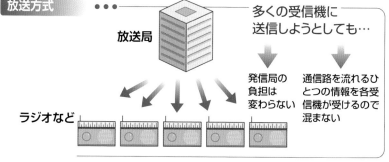

受信先までの間、たくさんの装置を経て情報が伝わります。その途中、どの装置が壊れても情報が伝わらなくなることが多いのです。大事な基幹部分では迂回路(うかい)が用意されていますが、末端まで全てに迂回路を設けるのは困難です。

　それに比べて放送では、放送局が出す強い電波を、受信機で直接受け取ることができます。途中いくつもの装置を経由することがなく、送信所さえ丈夫な建物で非常用発電機などを用いて稼働させておけば、電池で動くラジオなどの受信機を用いて住民は情報を得ることができます。

　また、通信に比べて放送は多くの住民に情報を伝える上でも有利です。通信では10人に情報を送るのと、100人に情報を送るのとでは、情報を送るサーバーの負荷

被災時に通信（スマホや携帯）は使えないことが
あることを想定しておく。

省電力で放送を受け取れる受信機（ラジオや小型
テレビ）で情報を得る。

コミュニティーFMのカバー範囲や受信可能な放
送局を調べておく。

も通信路の混み具合も10倍忙しくなります。一方、放送では１０人がラジオを聴く
のと100人がラジオを聴くのとでは、放送機器も電波の状況も全く同じです。1万
人がラジオを聴いても同じです。

　放送による災害情報伝達で重要な役割を発揮するのが、今住んでいる地区の
情報をリアルタイムに知らせてくれる、地域のコミュニティーFM局です。

　インフラが正しく動いていれば、通信の方が優れた特徴は多くあるのですが…。
災害などに強く、一斉に情報を伝えられるという点で放送が優れています。通信と
放送、この二つの方式を組み合わせて双方が補完し合い、災害発生時に正しい情報
を住民に提供できるようにすることが大切です。

5

二次被害につながる
デマ拡散者に
ならないために

「すぐ転送」の前に情報吟味、そして責任

　2016年の熊本地震の直後、動物園からライオンが逃げたというデマ写真が短文投稿サイト「ツイッター」に投稿され、後に会社員が逮捕される事件がありました。災害にはこうしたデマや流言は付き物です。例えば、大地震の後、次の地震は何月何日に起きるという「災害再来流言」がしばしばありますし、被災地で犯罪が横行しているという「犯罪流言」は東日本大震災でも多く生じました。関東大震災では、流言がきっかけとなって多くの朝鮮人が殺されたことも知られています。

　心理学者のオルポートとポストマンは、「流言やデマの流布量」（R）は、「当事者にとっての重要性」（ I ）と「証拠の曖昧さ」（A）の「積（せき）」（ I ×A）に比例すると提唱しました。積ですので、どちらかがゼロであれば流言は広まりません。逆に、大災害時に当事者にとって重要な情報が入手できないとすると、伝聞などの曖昧情報に頼らざるを得ず、流言が広まってしまうのです。とりわけ近年はツイッターなどのSNS（会員制交流サイト）の普及によって、瞬時に、大規模に流言が拡散される事態が生じています。ツイッターの場合はリツイート（RT＝転載や引用）されて広まります＝図。

　流言やデマをうのみにして拡散するのは、だまされやすい愚かな人だという見方もありますが、これは必ずしも適切とは言えないことが、社会心理学の研究から示されています。流言の多くは、先の見えない曖昧な状況に巻き込まれた人々が、互いに努力して状況を合理的に解釈しようとするコミュニケーションの形態と言えるのです。例えば、災害再来流言は、次がいつ来るか分からない漠然とした不安に対して、具体的な日時を伝えて心構えを促し、それを共有して助け合おうとする姿勢の表れでもあるのです。

　新型コロナウィルスの流行とともに、ネット上でのデマ情報や誹謗中傷が大きな問題を引き起こしました。デマを流したり人に伝えてしまう人の多くが、先の見えないコロナへの不安にとらわれた中で、「ひょっとすると本当かもしれないから、多くの人に知らせよう」といった軽い気持ちで、デマの流布に加担してしまったのです。そのうかつな行動が、デマの対象となった関係者や組織を傷つけることになりました。

　災害時のライオンのようなデマも、元は悪ふざけかもしれませんが、危険を知ら

> 災害時に流言はつきもの。
>
> 流言は危険を知らせようという善意から拡散される。
>
> SNS普及で流言は瞬時に大規模に拡散されるようになった。
>
> 避難や救援活動を妨げ、二次被害を招く危険性も。

110

せようとする善意の人々によって拡散されました。このように、流言は危機に直面しながらも前向きに対応しようとする社会過程として理解されています。その一方で、こうした不正確な情報は誹謗中傷となったり、災害時の避難や救援活動を妨げ、二次被害を拡大する可能性もあります。災害時に、あなた自身が善意のデマ拡散者にならないために何が必要なのでしょうか？

　まず、気になる情報を受け取ったとしても、すぐに誰かに転送せず立ち止まることが大切です。情報の根拠は十分なのか、情報源の信頼性はあるのか、公的な情報と矛盾しないのか—など、一人一人が情報の吟味を心掛けなければなりません。そうした場合には「拡散希望」とか「みんなに伝えて」「大至急」などの言い回しや、「関係者に聞いた」「特別に教えてもらった」といった「ここだけの話」は疑ってかかるべきです。

　SNSは災害情報伝達に大きな力を発揮します。東日本大震災でも自治体やマスコミが伝えきれない身近な情報伝達に活躍しました。その力を十分に生かすためにも、私たちは単なるネットサービスの享受者ではなく、デマを自ら排除する責任も持っていることを自覚しておきましょう。

6

家庭の太陽光発電
使える
自立運転モード

切り替え方法を確認しておこう

　2018年9月6日に発生した北海道胆振東部地震で、震源近くの火力発電所の故障をきっかけに全道が停電に陥ったことは記憶に新しいところです。

　2011年の東日本大震災でも東北一円が停電しました。当時、岩手県内に住んでいた私は、余震を感じながら心細い数日間を過ごしたことを思い出します。ところが、震災後に東北地方の内陸部農村を調査中、「停電、大変でしたね」と私が聞くと、「うちは全然困らなかったよ」と言う人が案外多いことに気づきました。

　まず、まきストーブ。電気や化石燃料の供給が途絶えても暖が取れ、湯を沸かし、簡単な調理が可能です。反射式石油ストーブも電源不要という意味では同じ。余談ですが、震災当日でも昔ながらの黒電話のお宅は電話が通じたという話も聞きました。電気が止まると使えなくなってしまう最新の機器とは対照的です。

　さて、電気についてはどうでしょうか。これも、太陽光発電パネルを導入し、発電可能な条件下であれば、災害や停電の時に「自立運転」モードに切り替えることによって、パワーコンディショナー（電流変換装置）につながっているコンセントから電気を得ることができます（1.5キロワット分）。機器によって差はあります

青木村図書館

が、電気炊飯器や電子レンジなども使えます＝図。

　私が研究で通っていた岩手県北部、葛巻町のある集落では、供出できるお米や食材を集め、住宅の太陽光発電パネルを自立運転させて得た電気を使い、峠を一つ越えた沿岸の津波被災地へいち早く炊き出しを行いました。電気と熱を自然エネルギーで確保し、集落のお母さんたちが農家レストランを運営していたノウハウが生きたのです。

112

　被災地ではスマートフォンなど通信手段確保が重要ですので、こうした機器の充電にも使用可能です。空き地などに設置された事業用の太陽光発電所にも、災害時に自立運転モードになるものがあります。お近くに施設がある場合は、設置者に聞

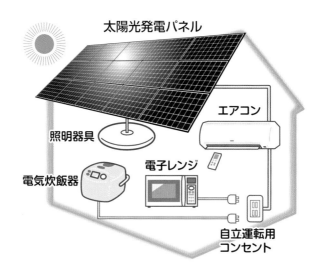

実践
ポイント

> 停電時の電気と熱の確保へ。自然エネルギーを役立てる。
>
> 事業用の太陽光発電所の中には自立運転モードになるものもある。
>
> 破損や冠水による感電には注意が必要。

いてみてはいかがでしょうか。

　ただし、太陽光発電パネルが台風で破損したり、洪水で冠水したりした場合、触れると感電する恐れがありますのでくれぐれも注意してください。

　資源エネルギー庁が公表しているデータを基に、住宅の屋根を中心とした小規模な太陽光発電パネル（10キロワット未満）の導入状況を私が集計したところ、長野県は県民1人当たりの設置枚数が全国で3番目に多いことが分かりました。これは災害時に自前でエネルギーを確保できるお宅が多いことを示しています。災害は不意に発生しますので、太陽光発電パネルを導入しているお宅では、日頃から自立運転モードへの切り替え方法を確認しておきましょう。

113

防災・減災
実践への
手引き

わが家の防災ミニマニュアルをつくる

防災ミニマニュアルづくりのヒント

あると便利な防災グッズ

防災情報ソース

被災後の支援を受けるには

わが家の防災ミニマニュアルをつくる

　皆さんの住む自治体や組織では様々な防災マニュアルが作成されています。地震や風水害への基本的な備えや動きが書かれており、日常から目を通しておくことが大切ですが、あくまでもマニュアルにすぎません。皆さんの住む地域の特徴や、家族構成などによって対応が異なります。自分の住む自治体の防災マニュアルをもとに必要な内容をプラスする必要があることを意識してください。

　さて、信州では様々な災害が発生していますが共通して重要なのが「情報」です。そのため普段から災害時の連絡先や集合場所などの情報について話し合い、内容をまとめて紙にしておくと分かりやすくなります。紙はリビングなどの所定の位置に貼っておけば安心です。紙の情報は携帯電話で撮影しておくと外出先でも役立ちます。

115

ミニマニュアル作成のポイント

① 家族で災害時に必要な情報について話をしておきましょう。

② 一から作るのは大変です。既存のものに必要な情報を追加しましょう。

③ 同じ地震や洪水でも、地域によって被害の種類や規模は異なります。
自分の活動範囲を意識することが大切です。

防災ミニマニュアルづくりのヒント

わが家の防災マニュアルの第一歩として、災害時に必要な「情報」の入手／確認／共有を中心にまとめてみてはいかがでしょうか。以下を参考にオリジナルをつくってみましょう。

（次頁の「あると便利な防災グッズ」も参考に）

❶ 事前マニュアル …………… 情報の共有

家族の大まかなスケジュールを把握しておくことは災害時にとても重要です。発災時にどこにいるかわかればその後の対応にプラスになります。また携帯電話等に家族の写真を入れておくことも重要です。

複数の連絡方法を決めておくこと

実践！ ●連絡網を作る

・電話などは発災直後は通信制限などで繋がりにくくなることがありますが、ショートメールや SNS などは比較的繋がりやすいです。これを機会に家族間のグループ設定をしてみるのも良いでしょう。
・災害用伝号ダイヤルや災害用伝言板の利用方法についても確認しておきましょう。
・災害発生後でも、遠方へは電話が繋がりやすいことがあります。連絡の取次をお願いできる遠方の親戚や知人を決めておきましょう。

実践！ ●集合場所・避難場所を決める

・携帯や SNS がつながらない、自宅に戻ることも難しいという場合の避難場所を決めておきましょう。わかりやすい場所というのが一番ですが、地震による家屋倒壊の影響を受けにくい、洪水による浸水がない場所など、優先順位をつけ、複数決めておくと良いでしょう。
・避難場所はハザードマップや自治体の窓口で確認しておきましょう。

② 行動マニュアル ‥‥‥‥‥‥ 発生時の想定

まずは身の安全を確保して、自分の周囲の状況を把握します。
その後に家族や近所の人の安否について確認します。

自分の身の安全を確保してから動くこと

想定！ ●家にいる時

・地震の場合は、タンスや本棚などから離れ、戸やドアを開ける。
・自分の身体と状況の把握　・周辺地域の被災状況の確認
・留守の家族のスケジュールを確認
・家が無事な時は、避難する必要はありません。

想定！ ●屋外にいるとき

・カバンなどの持ち物で頭を守る　・車の前に飛び出さないように注意する
・建物だけでなくショーウィンドウ、塀や自動販売機から離れる。
・自分の身体と状況の把握　・周辺地域の被災状況の確認
・家族のスケジュールの確認

③ 対応マニュアル ‥‥‥‥‥‥ 発生後の情報入手

発災後の対応は情報の有無によって大きく異なりますし、迅速で安全な避難を実現
するために重要です。主な情報収集方法は、以下のとおりです。

情報の質を意識すること

確認！ ●インターネット

・避難所開設情報など自治体から発信される情報の入手にはネットは便利です。も
しものために必要なホームページを登録しておくと安心です。スマホなどで見る
際はバッテリーなどに注意が必要です。

確認！ ●テレビ

・最新の避難情報や気象情報、公共交通機関や道路状況
の入手に便利ですが、停電時には見られません。

確認！ ●ラジオ

・災害時、テレビが広域情報や首都圏の状況を発信することが多いですが、ラジオ
のコミュニティ放送局は地域に密着した情報を発信しています。さらに停電時で
も使える電池式の携帯ラジオは災害時の必需品です。FMとAM両方が聞けると安
心です。

あると便利な防災グッズ

◉非常用持ち出し品について

　非常時に持ち出すものをリュックサックに詰めて、いつでもすぐに持ち出せるようにしましょう。量が多い場合は複数に分けて別々の場所に置いておくことで、すべてを持ち出すことができないリスクを軽減できます。また、屋外の物置や屋根のある場所に置いておくことで、家屋が倒壊した場合でも持ち出すことができる可能性があります。

　内容については日常生活でなければ困るもの、例えば視力の弱い人の場合はメガネ、足腰の弱い人なら折りたたみの杖を入れておくと良いかもしれません。災害時を意識して必要なものを吟味しましょう。

飲料水

1人1日3リットルが目安。人数分×3日分

移動時用品

ヘルメットや防災頭巾。マスク。軍手。

食料品

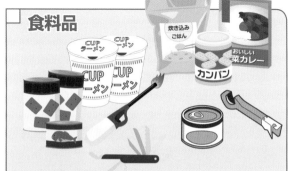

カップ麺、レトルト食品、ビスケット、チョコレート等。そのまま食べられるもの、お湯を入れるだけなど調理が簡単なものが便利。人数分×3日分。
箸やスプーン、フォーク等を忘れずに。

手ぬぐいのススメ

最近はあまり使う機会のなくなった手ぬぐいですが、これほど便利なものはありません。様々なデザインがあり楽しく使えます。筆者はここ数年、外出時はタオルでなく手ぬぐいを使っています。まず第一にハンカチやバンダナよりも大きく、タオルよりかさばらない。第二にタオルと違い薄いので乾きやすく、弁当箱なども包むことができるなどがあげられます。他にも日よけや防寒にも使うことができます。手拭いの端は切りっぱなしになっていますが、もしものときにはそこから引き裂いて紐として利用もできます。時代劇で鼻緒が切れた下駄の修理の場面でおなじみですね。

てぬぐいは裂ける！

電気関係

懐中電灯はヘッドライトが便利、1人1つ用意するのが良い。携帯ラジオ。予備電池は必要なサイズを確認。携帯電話の充電器とバッテリー。

衣類等

雨具は防寒にも。長袖・長ズボン。下着・靴下。毛布またはエマージェンシーブランケット。タオルまたは手ぬぐい。衣替えの際に持ち出し品の衣類交換をすると良い。

その他

洗面用具。使い捨てカイロ。携帯トイレ。ガムテープ。ビニール袋大小10枚。筆記用具とメモ帳。油性マジック。折りたたみ傘。万能ナイフ。ライター。安全ピン。紐。予備のメガネやコンタクトレンズ。

ガムテープ（布粘着テープ）のススメ

まるめて縛る！

皆さんも普段お世話になるガムテープ。災害時にも大いに役立ちます。油性ペンで書くこともできるので、メモを残したいときなど便利です。また何か壊れた時の応急処置にも対応できます。靴擦れができそうな時はテーピングの代わりにもなりますが、既に靴擦れができた後に貼ると酷いことになるので注意です（経験済み）。キャンプの時は着火剤の代わりにもなります。あくまでも布粘着テープです、紙は使えませんのでご注意を。かさばって嫌だという人は、芯の部分を柔らかくなるまで押しつぶして平らにして、輪ゴム複数本で束ねます。輪ゴムも後で使えるので便利ですよ。

貴重品

紙幣だけでなく、公衆電話用に十円・百円玉硬貨も。健康保険証、運転免許証、通帳、カードは番号を控えたメモかコピーを準備する。お薬手帳や家族の連絡先もあると良い。

救急用品

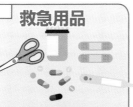

絆創膏。大判ガーゼ。消毒液。体温計。ハサミ。とげ抜き。持病の薬や日常的に服用しているサプリメント等

衛生用品

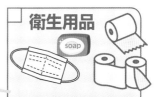

マスクは新型コロナ対策もあり、複数枚準備する。消毒用アルコールや石鹸、ウェットティッシュもあると良い。芯を抜いて潰したトイレットペーパーは量も多く、多用途に使えて便利。

防災情報ソース

　このサイト一覧は災害前の情報収集や災害時の概要等を把握するための一覧です。地域の詳細な情報については、市町村のホームページ等を確認してください。災害時に慌てないように携帯電話のブックマークに災害時用フォルダを作成し、関係するホームページの情報をまとめておくことをおすすめします。また家族や友人同士で同じブックマークを使用することで共通の情報を得ることもできます。この機会に災害時の情報入手先について話し合ってみてはいかがですか。

■国・政府機関

内閣府　防災情報のページ　　　国土交通省　気象庁のページ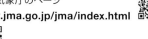
http://www.bousai.go.jp/　　　　http://www.jma.go.jp/jma/index.html

国土交通省　防災情報提供センターのページ
https://www.mlit.go.jp/saigai/bosaijoho/

■気象

Yahoo! JAPAN　天気・災害のページ　　　　長野地方気象台
https://weather.yahoo.co.jp/weather/　　　https://www.jma-net.go.jp/nagano/

■防災全般

長野県　防災・安全のページ
https://www.pref.nagano.lg.jp/bosaianzen/index.html

NHK　そなえる防災のページ
https://www.nhk.or.jp/sonae

■安否情報　　　　　■電気

安否情報まとめて検索 - J-anpi　　　中部電力株式会社
https://anpi.jp/top　　　　　　　https://www.chuden.co.jp/

■通信

(社)電気通信事業者協会　災害への取組み　　防災タウンページ
https://www.tca.or.jp/information/disaster.html　　https://bosai.itp.ne.jp/

■交通

JR東日本　　　　　　　JR東海
https://www.jreast.co.jp/　　　　https://jr-central.co.jp/

アルピコ交通株式会社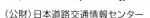
https://www.alpico.co.jp/traffic/

(公財)日本道路交通情報センター
災害時情報提供サービス(大規模災害発生時のみ)
http://saigai.jartic.or.jp/tokyo-kasai/maintenance.html

被災後の支援を受けるには… 罹災証明書の手続きから

◉罹災証明書とは

　大規模な災害が発生したとき、被災した住宅の被害程度を公的に証明する書類が罹災証明書で「被災者生活再建支援金」「被災住宅の応急修理」「税の減免」など、様々な支援を受けるために必要です。

　市町村長は被害の状況を調査し、罹災証明書を発行することが義務づけられています。罹災証明書は、各種被災者支援策の適用の判断材料として活用されています。

◉まずは現状の記録を

　身の安全を確保し落ち着いたら、片付けの前に写真撮影を行いましょう。市町村から罹災証明を取得する際に役立ちますし、保険金の請求にも必要です。以下を意識して撮影を行います。

・家屋全体から細部まで満遍なく。

・多方向から複数撮影。

・電柱や人、赤白ポールなどをスケールにして撮影。

・被害の状況がわかるよう。

・室内の被害についても撮影。

121

◉被害認定調査及び罹災証明書の交付の流れ

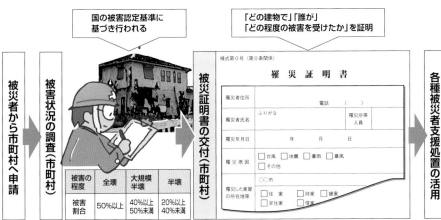

（『平成30年版 防災白書』をもとに加筆）

生活再建に関わる各種制度について

　被災後、日常の生活を取り戻すことは並大抵のことではありません。金銭的な問題もさることながら、心身の疲弊は想像以上となり、長期的な活動が必要となります。

　住み慣れた家屋や、生活の糧である農地や店舗が被害にあった場合は、早急に対応し生活再建に向かわなければなりませんが、金銭的な支援が不可欠となります。下記の制度以外にも「中小企業・自営業への支援」「安全な地域づくりへの支援」や「各種相談窓口」がありますので、各自治体に相談するのが再建の第一歩です。

●経済・生活面の支援

制度の名称	支援の種類	制度の内容	問い合わせ
災害弔慰金	給付	災害により死亡した方の遺族に対して支給。	市町村
災害障害見舞金	給付	災害による負傷、疾病で精神又は身体に著しい障害が出た場合に支給。	市町村
被災者生活再建支援制度	給付	災害により居住する住宅が全壊するなど、生活基盤に著しい被害を受けた世帯に対して支給。	都道府県、市町村
災害援護資金	貸付（融資）	災害により負傷又は住居、家財の損害を受けた方に対して、生活の再建に必要な資金を貸し付け。	市町村
生活福祉資金制度による貸付（緊急小口資金・福祉費（災害援護費））	貸付（融資）	金融機関等からの借入が困難な低所得世帯、障害者世帯や高齢者世帯に対して、経済的な自立と生活の安定を図るために必要な経費を貸し付け。	都道府県社会福祉協議会または市町村社会福祉協議会
小・中学生の就学援助措置	給付・還付	被災により、就学が困難な児童・生徒の保護者を対象に、就学に必要な学用品費、新入学用品費、通学費、校外活動費、学校給食費等を援助。	都道府県、市町村、学校
高等学校授業料等減免措置	減免・猶予	災害による経済的な理由によって授業料等の納付が困難な生徒を対象に、授業料、受講料、入学料及び入学者選抜手数料等の徴収猶予又は減額、免除。	都道府県、市町村、学校

●住まいの確保・再建のための支援

制度の名称	支援の種類	制度の内容	問い合わせ
災害復興住宅融資（建設）	貸付（融資）	被害が生じた住宅の所有者又は居住者で、地方公共団体から「罹災証明書」を交付された方が、住宅を建設する場合に受けられる融資。	独立行政法人住宅金融支援機構
災害復興住宅融資（新築住宅購入、中古住宅購入）	貸付（融資）	被害が生じた住宅の所有者又は居住者で、地方公共団体から「罹災証明書」を交付された方が、新築住宅、中古住宅を購入する場合に受けられる融資。	独立行政法人住宅金融支援機構
災害復興住宅融資（補修）	貸付（融資）	被害が生じた住宅の所有者又は居住者で、地方公共団体から「罹災証明書」を交付された方が、住宅を補修する場合に受けられる融資。	独立行政法人住宅金融支援機構
住宅金融支援機構融資の返済方法の変更	減免・猶予（延長・金利の引き下げ含む）	地震、津波、噴火、暴風雨又は洪水により被害を受けた、返済中の被災者（旧住宅金融公庫から融資を受けて返済中の被災者を含む。）に対して、返済方法を変更することにより被災者を支援。	独立行政法人住宅金融支援機構
生活福祉資金制度による貸付（福祉費（住宅補修費））	貸付（融資）	災害により被害を受けた住宅の補修、保全、増築、改築等に必要な経費を貸し付け。	都道府県社会福祉協議会または市町村社会福祉協議会
障害物の除去（災害救助法）	現物支給	災害によって、土石、竹木等の障害物が住家又はその周辺に運び込まれ、日常生活を営むのに支障をきたしている方に対して、障害物を除去。	都道府県、災害救助法が適用された市町村
住宅の応急修理（災害救助法）	現物支給	住宅が半壊（半焼）若しくは、これに準ずる程度の損傷として一部損壊のうち損害割合が10％以上20％未満の住家被害を受け、自ら修理する資力がない世帯又は、大規模な補修を行わなければ居住することが困難である程度に住家が半壊した世帯に対して、被災した住宅の居室、台所、トイレ等日常生活に必要な最小限度の部分を応急的に修理。	都道府県、災害救助法が適用された市町村

（「内閣府　被災者支援に関する各種制度の概要」より作成）

あとがき

研究者以外にも防災減災支える人
多種多様な活躍に期待

信州大学教育学部研究員 横山 俊一

　本書を1ページ目からここまですべて読んだ方はおそらく「防災減災」がこんなにも幅広い分野にまたがっているのかと思われたのではないでしょうか。執筆者（信州大地域防災減災センターの研究者）の専門分野を見ると、砂防学や地質学、火山学、地理学にとどまらず、社会学、林学、心理学、情報工学、医学などと非常にバラエティーに富んでいます。防災減災は「総合科学」であるということを理解していただけたのではないでしょうか。防災減災はさまざまな研究者がそれぞれの立場から提言していますが、研究者だけで成果を得ることは困難です。表に「見えない部分」で活躍する人たちによって支えられていると言っても過言ではありません。

　そうした人たちは、実際の災害現場だけでなく全国にたくさんいます。被災者の救助シーンがテレビ画面に出てくると、その人たちだけで対応していると思われがちですが、他にも多くの人が連携して立ち向かっています。

　例えば、救助活動に必要な情報を集め、精査し提供する人たちがいます。2011年3月の東日本大震災では、各機関が保有するデータの情報共有がうまくいかず災害対応に課題を残しました。災害時には多種多様な情報がさまざまな組織から、異なる形式で発信されます。これらを共有し、その中から必要な情報を必要な形に加工して利用することが大切になります。

　対策の一例として、筆者が所属する防災科学技術研究所（茨城

県）を中心に、SIP4D（府省庁連携防災情報共有システム）が運用されています。九州北部豪雨や北海道胆振東部地震でも災害対策本部で活用されました。通信環境の発展によりネットを介して全国各地の人たちが協力して情報をまとめ、精度の高い情報を使って現場対応ができるようになりました。災害発生直後、現場で詳細な情報分析はとてもできる状況にはありません。

　現地では他にも、機材の調達や割り振りなどを行う人たちがいます。采配いかんで、その後の救出・復旧活動の進行は異なります。このように見えないところでの活躍が現場で大きく生きるのです。

　さて近年は、気候変動により極端な気象現象が目立ちます。最高気温が35度以上の猛暑日や、1時間の降水量が50ミリ以上の強い雨などです。これまで非日常であったものが、日常に変わりつつあります。長期化の様相も見せています。そのため、気象現象に端を発することの多い災害もより身近になっています。

　2016年の熊本地震の調査で震源に近い町に入った時の話です。自宅の被害が少なく家族も無事だったMさんは「避難所の手伝いをしたい」と言いました。ですが、地震の直前に足を骨折して松葉づえの状態でしたので、荷物の運搬などは手伝えません。そこでラジオで被災者へ生活支援情報などを流す「臨時災害放送局」のアナウンスを担当しました。アナウンサー経験は無く緊張の連続だったそうですが、地域の復興に携わることができてとても良かったとのことでした。姿は見えなくても声で活躍したのです。

　防災減災を支える人たちは、見えないところを含めてたくさんいます。災害はより身近になっています。多種多様な人たちがさまざまな分野で活躍できることを期待してこの本書を終わります。

125

■執筆

菊池聡 [きくち・さとる]　STAGE1-1　1-5　1-17　2-5
（信州大地域防災減災センター長）
1963年、埼玉県出身。京都大卒。信州大人文学部教授。専門は認知心理学。2015年4月から、信大地域防災減災センター長。主な著書に「なぜ疑似科学を信じるのか」（化学同人）など。

横山俊一 [よこやま・しゅんいち]【監修】　STAGE1-2　1-3　1-7　1-12　1-13　ADDITIONAL CONTENTS
（信州大地域防災減災センター元研究員、信州大学教育学部）
1971年、秋田市生まれ。修士（地理学）。専門は環境地理学、アウトリーチ。国立研究開発法人防災科学技術研究所気象災害軽減イノベーションセンターを経て信州大学教育学部研究員。著書に「地域の明日をみつける」（第一企画）など。

平松晋也 [ひらまつ・しんや]　STAGE1-4　1-11
（信州大地域防災減災センター副センター長）
1958年、和歌山市出身。愛媛大卒。高知大農学部助教授を経て、2005年より信州大農学部教授。専門は砂防学。崩壊や土石流の発生メカニズムや予測手法に関する研究に取り組んでいる。

広内大助 [ひろうち・だいすけ]　STAGE1-6
（信州大地域防災減災センター連携教員）
1970年、東京都出身。名古屋大大学院修了。信州大教育学部教授。専門は自然地理学、変動地形学。名大、愛知工業大地域防災研究センターを経て、2007年から信大准教授、14年より現職。

三木敦朗 [みき・あつろう]　STAGE1-8
（信州大地域防災減災センター連携教員）
信州大農学部助教。1978年、滋賀県出身。博士（農学）。政治経済研究所、岩手大を経て2009年から現職。専門は森林政策学。著書（監修）に「日本・アジアの森林と林業労働」（川辺書林）など。

不破泰 [ふわ・やすし]　STAGE1-9　2-4　コラム
（信州大地域防災減災センター・副センター長）
1958年、大阪市出身。信州大卒。博士（工学）（名工大）。信州大工学部教授。専門は情報工学。ICTを用いた安全、安心な地域づくりに取り組んでいる。

吉田孝紀 [よしだ・こうき]　STAGE1-10
（信州大地域防災減災センター連携教員）
1966年、盛岡市生まれ。信州大理学部教授（理学科地球学コース）。専門は地質学。北海道大大学院修了。ヒマラヤ山脈の土砂災害と土砂生産、同山脈の成り立ちと環境変動を研究している。

福山泰治郎 [ふくやま・たいじろう]　STAGE1-14
（信州大地域防災減災センター連携教員）
信州大農学部助教。1974年、兵庫県出身。名古屋大大学院修了。農業環境技術研究
所、金沢大を経て2014年から現職。専門は砂防、森林水文学。著書（分担執筆）に「人
工林荒廃と水・土砂流出の実態」（恩田裕一編・岩波書店）。

上村佳奈 [かみむら・かな]　STAGE1-15
（信州大地域防災減災センター連携教員）
信州大農学部助教。1971年、東京都出身。東京大大学院農学生命科学研究科博士課
程を修了後、森林総合研究所、フランス国立農学研究所（INRA）ポストドクターを
経て現職。日本、フランスなどの森林風害の要因解明とリスク軽減についての研究を
行う。

大塚勉 [おおつか・つとむ]　STAGE1-16
（信州大地域防災減災センター連携教員）
1955年、愛知県出身。大阪市立大大学院修了。信州大全学教育機構教授。専門は構
造地質学。地震などの災害時には、発生要因の解明に当たっている。

須藤真琢 [すとう・まさたく]　コラム
（信州大地域防災減災センター元連携教員）
1985年、宮城県出身。東北大大学院修了。信州大繊維学部機械・ロボット学科元
助教。2019年4月から、国立研究開発法人宇宙航空研究開発機構（JAXA）研究開発
員。専門はフィールドロボット。宇宙や火山などの極限環境を探査するロボットの研究
を行う。

今村浩 [いまむら・ひろし]　STAGE2-1　2-2
（信州大地域防災減災センター医療支援部門長）
1962年、上伊那郡飯島町出身。横浜市立大卒。信大医学部救急集中治療医学教授・
付属病院高度救命救急センター長。専門は救急医学。信大病院災害対策準備室で災
害医療の充実に取り組んでいる。

山口昌樹 [やまぐち・まさき]　STAGE2-3
（信州大地域防災減災センター連携教員）
1963年、名古屋市出身。信州大卒。信州大繊維学部教授。専門は生体工学。恩師
から博士研究で人工心臓のテーマを与えられて以来、生命の不思議に魅せられている。
共著に「はじめての生体工学」（講談社）など。

茅野恒秀 [ちの・つねひで]　STAGE2-6
（信州大地域防災減災センター連携教員）
1978年、東京都出身。法政大大学院修了。信州大人文学部准教授。専門は環境社会
学。自然エネルギーをはじめとする地域資源を活用した持続的な地域社会形成の研究
を行っている。

信州大学地域防災減災センター

地域の防災減災を強力に推進する中枢機関を目指して2015年4月に設立。4部門「防災減災教育部門」「地域連携部門」「防災減災研究部門」「医療支援部門」が置かれ、それぞれ高い専門性と地域貢献への志をもちながら活動を展開している。

／ブックデザイン　（有）NOEL
／編集　菊池正則
●写真提供
信濃毎日新聞社編集局

2020年10月13日　初版発行

／編著者　信州大学地域防災減災センター
／発　行　信濃毎日新聞社
　　　　　〒380-8546　長野市南県町657
　　　　　電話　026-236-3377
　　　　　ホームページ https://shop.shinmai.co.jp/books/
／印刷所　信毎書籍印刷株式会社
／製本所　株式会社渋谷文泉閣

©Shinshu University Disaster Mitigation and Prevention Center 2020 Printed in Japan

ISBN：978-4-7840-7371-9　C0040

落丁・乱丁本はお取替えします。
定価はカバーに表示してあります。

本書のコピー、スキャン、デジタル化等の無断複製は著作権法上での例外を除き禁じられています。本書を代行業者等の第三者に依頼してスキャンやデジタル化することはたとえ個人や家庭内の利用でも著作権法違反です。